Vegano fácil

BLANCA HERP

© 2017, Blanca Herp

© 2017, Redbook Ediciones, s. l., Barcelona

Diseño de cubierta: Regina Richling

Diseño de interior: Primo Tempo

ISBN: 978-84-9917-500-3

Depósito legal: B-23.844-2017

Impreso por Sagrafic, Plaza Urquinaona 14, 7º-3ª 08010 Barcelona

Impreso en España - *Printed in Spain*

Índice

¿Qué hay de malo en comer carne?

Un cambio revolucionario

¿Qué es el veganismo?

Es un estilo de vida en el cual se excluyen todas las formas de explotación y crueldad hacia los animales, cualquiera sea el fin.

Es una manera de vivir de tipo **vegetariano netamente ética**, que va más allá de no consumir productos animales: carne, pescado o aves, ya que también se excluyen los huevos, los lácteos y la miel.

La vida vegana implica una acción directa, pues es la base para acabar con la esclavitud de miles de millones de seres sensibles, de los que hoy por hoy se dispone para comida, vestimenta, entretenimiento o experimentación Todo ello da consistencia a la idea de respeto por los otros animales.

Junto a la manera de alimentarse, las personas veganas también procuramos excluir las vestimentas de procedencia animal (cuero, lana, seda y pieles), los productos testados en animales (cosméticos, medicamentos, productos de limpieza, etc.). También seguimos una medicina holística responsable, que no utiliza los animales para experimentación y pide que se salven vidas humanas sin torturar vidas no humanas.

El movimiento vegano rechaza la venta de animales, porque significa asignarles un valor instrumental, incluso cuando se hace para servir de «compañía». Como es natural, el veganismo está a favor del buen cuidado de las mascotas… ¡en cualquier caso!

> *«La tortura y muerte sistemática de seres dotados de sentimientos muestra hasta dónde puede llegar la indignidad del ser humano».*
> *Joaquin Phoenix,*
> *«Earthlings».*

Vegetarianos

Entre los años 1548 y 1969, se publicaron, sólo en inglés, o traducidos al inglés, alrededor de mil libros, folletos, pasquines y documentos diversos sobre la alimentación vegetariana. Libros de cocina, obras filosóficas y éticas, tratados médicos… Y eso sin contar muchas obras y corrientes alrededor del movimiento vegetariano: el naturismo y la medicina naturista, las «reformas pro salud», el pensamiento y acción libertarios o diversos movimientos sociales situados en un amplio abanico entre el socialismo utópico y los universalismos (esperanto, ciudadanos del mundo, etc.).

¿Y el movimiento vegano? En textos como la *Moralia* de Plutarco, ya se exponen claramente los fundamentos de la inteligencia sintiente de los animales. Es fácil de encontrar en Internet, junto a las primeras ediciones impresas de Porfirio, y junto a textos de autores como George Bernard Shaw, entre otros menos conocidos.

El auge extraordinario que vive hoy el movimiento vegano se apoya en tres grandes columnas. La primera se apoya en el acceso a imágenes y filmaciones sobre lo que estamos haciendo a los «animales no humanos». No es fácil de ver lo que sucede en las granjas industriales y los mataderos sin conmovernos, aunque sólo sea durante unos pocos minutos.

Además, hoy sabemos que existen también otros importantes motivos, relacionados con la salud: es la segunda columna.

La supervivencia del planeta, el hogar en que vivimos, es la tercera columna.

«La industria más grande del mundo es la explotación animal, que es lo único a lo que el veganismo se opone».
Donald Watson, fundador del moviemiento vegano

El origen

En Gran Bretaña siempre había existido una gran vitalidad entre los movimientos vegetarianos y de defensa de los animales. No es de extrañar que fuera allí, en 1944, cuando el vegetariano Donald Watson (1910-2005) se diera cuenta que había llegado el momento de establecer una diferencia clara con las personas que, sin comer carne ni pescado, sí comían lácteos, miel y huevos.

Él fundó en Londres, junto a su esposa Dorothy y otros 6 miembros, la primera sociedad vegana del mundo. Su objetivo principal era diferenciarse de los vegetarianos, que en realidad deberían ser llamados «ovo-lacto-vegetarianos» debido a su consumo de lácteos, o huevos, o ambos.

La etimología de la palabra «veganismo» proviene del término inglés *vegan*, que a su vez deriva de **VEG**etari**AN** (utilizando las tres primeras y las dos últimas letras).

Donald Watson

De los animales al planeta. Especismo

Por eso se pone especial énfasis en la idea de «animales humanos» y animales no humanos y en el **especismo** (la discriminación moral de los individuos por pertenecer a otra especie), que no deja de ser un tipo de prejuicio muy parecido al sexismo y al racismo –e igualmente injusto–.

El especismo como tal aparece por vez primera en escritos del psicólogo Richard Ryder («*speciesism*», 1970), y desde entonces forma parte de los grandes debates filosóficos en Universidades de todo el mundo.

¿Por qué es tan importante el especismo? Porque esta visión pone de relieve la cosificación de otros seres vivos. Y, tirando del hilo, la actual situación avala la destrucción del planeta si antes no hacemos algo.

A los millones de víctimas «no humanas» se suma la destrucción medio ambiental originada en la cría de animales y la pesada carga que la ingesta de productos animales tiene en la generación de enfermedades. De aquí el slogan:

«Hazte vegano: por los animales, por el medio ambiente, por la salud»

Y por una racionalización en la producción y consumo de alimentos. Porque se puede eliminar así la escasez de forma definitiva. Tanto para la salud como para la economía global y la manera de vivir se produciría un cambio auténticamente revolucionario en caso de seguir una dieta sin productos animales.

Esta revolución para la obtención de nuevas fuentes de proteínas vegetales fue explicada por la dietista norteamericana Frances Moore Lappé en la década de 1970 y recibió el Premio Nobel Alternativo* en 1987 por su obra «*Diet for a Small Planet*». Frances demostró que, si se combinan acertadamente cereales y legumbres, aumenta el valor proteico que tienen por separado.

Las personas que eligen el veganismo lo hacen por esas tres razones básicas, juntas o por separado.

Un movimiento amplio y creciente

La aparición de personas vegetarianas «con excepciones» (que de tanto en tanto comen un poco de carne o pescado), o de «pesco-vegetarianos» (vegetarianos que comen pescado) muestra con elocuencia los abusos lingüísticos que se produjeron durante años para atribuirse supuestas ideas vegetarianas a conductas que no lo son.

Hoy en día han aparecido los «flexitarianos»: una amplísima mayo-

---

* Los *Right Livelihood Awards* fueron creados tras comprobar la politización y devaluación de algunos premios Nobel. Frances Moore Lappé también fue seleccionada como una de las «DOCE MUJERES CUYAS PALABRAS HAN CAMBIADO EL MUNDO», por la Women's National Book Association de EE.UU.

ría de personas que procuran avanzar en una línea de alimentación dietética y saludable, en la que el «casi» vegetariano lo es de verdad, sin engaños ni autoengaños.

Hay que tener en cuenta que lo que en psicología se conoce como «efecto halo» se dio de forma negativa («los vegetarianos, seres raros y extraños») durante muchas décadas, transformándose de forma positiva estos últimos años. Hay que reflexionar: no se trata de ninguna competición sobre radicalidad en nuestra forma de comer; basta con respetar a los animales…

Y repasar qué comida tenemos en casa; qué guardamos en el frigorífico a lo largo de 365 días, cada año, todos los años. Ver si hay o no «excepciones» y porqué. Y ser consecuentes. Por ejemplo, actuando de acuerdo con la importancia de la alimentación y educación vegetarianas en los niños.

La importancia del cambio, la dificultad de mantenerlo

No es fácil ser un vegano «perfecto», pues hemos construido un mundo dependiente de la vida animal, al no valorarla más que como medio para nuestros propios fines.

Es decir, empleamos modelos de producción y actuamos de manera tal que cuando no son ellos los destruidos, invadimos, contaminamos o eliminamos sus propios hogares. Los sociólogos opinan que el auge del vegetarianismo es la más clara estampa de la toma de conciencia ambiental. El veganismo dice: «La explotación de los animales no humanos para comida, junto con todas las demás, refleja una determinada manera de observar el mundo, de relacionarse y de actuar con quienes lo integran. Implica el sojuzgamiento de un grupo sobre otro. Representa, además, un paradigma de violencia institucionalizada».

Convertir en «cosa» a un ser con interés en su propia vida, convertirlo en un producto de consumo, es el proceso utilizado para convertir a alguien en algo.

La cultura carnívora disfraza al animal explotado y asesinado, no hay presencia criminal, el jamón es simplemente comida... y, en frase vegana, «convertimos nuestro cuerpo en un cementerio».

La producción de alimentos a partir de animales no humanos se basa en un cúmulo de mitos y en la perpetuación del cisma entre el trozo de carne vendido como comida y el ser sintiente del que proviene. El movimiento vegano considera que esto es injusto, y que es posible y deseable un cambio de modelo.

En palabras de Donald Watson

• Todas nuestras teorías nos decían que [los productos de origen animal] se producen, obviamente, por la crueldad. Sabía de qué manera la leche llegaba a la puerta de casa. Y de dónde y cómo proceden los huevos.

• El argumento de los vegetarianos, por supuesto, era que para obtener carne se tenía que matar a un animal. Y que para obtener un huevo o un vaso de leche no se tenía que matar un animal. Pero si se producen huevos, o todos esos productos lácteos a gran escala, entonces no es cierta la teoría de que no se tiene que matar un animal.

• Pero no son sólo las granjas industriales, la agricultura, sino todo lo demás —los medicamentos, la vivisección, todo lo que tiene que ver con animales. Creo que el ser humano no es biológicamente un carnívoro ni un parásito. Estoy pensando sobre todo en la leche para el consumo.

• Tenemos más de 500 diferentes mamíferos en todo el mundo y los humanos son los únicos que beben leche durante toda la vida.

»Hay una diferencia, obviamente, entre un animal de laboratorio que está hecho pedazos y alguien que da un paseo en burro a sus niños. Son tan diferentes… y sin embargo los dos son la explotación animal en cierto modo, ¿no? Pero yo, como activista, no [protestaré] por el paseo del niño en burro porque los oponentes pensarían que estoy pasado de vueltas, así que me mantengo fuera de ese tipo de cosas y voy a los puntos fuertes.

• Cuando se inició la *Vegan Society*, la población del mundo era alrededor de dos billones de personas. En 2005 pasa de los seis billones. Junto a esta explosión demográfica tenemos la segunda explosión artificial de animales creados sólo con el propósito de darles de comer.

• Algunas personas a lo largo de los siglos han entendido estos mensajes. Y uno de los misterios de la genética es cómo, algunos de nosotros en el siglo veinte, nacidos en esquemas ortodoxos convencionales y sin nadie que nos haya influenciado, hayamos podido llegar a la misma conclusión, y percibir los mismos mensajes que algunos de los antiguos griegos.

• Si vivimos de alimentos puros y pensamientos puros y de ideas razonables llegamos a ser más receptivos. Y la mayoría de la gente, la gran masa de personas, sólo están viviendo. Ahora no hablamos como hace 2.000 años, como los antiguos griegos. Sólo viven y mueren.

Todos los animales
somos seres sintientes

El veganismo apela al interior de cada persona y hace un llamamiento a las conciencias para dar un salto hacia el mundo en que nos gustaría vivir. Desde hace poco más de 30 años se ha desatado un profundo debate acerca de la naturaleza de la relación entre el animal humano y el resto de las especies animales.

Es mucho lo que la ciencia ha ido averiguando en los últimos decenios sobre los miles de especies animales que pueblan nuestro planeta. De entre todos estos descubrimientos, hay uno que se impone por su rotundidad y su evidencia, y que va a cambiar para siempre nuestra forma de tratar al resto de los animales: se trata de la capacidad de sentir.

Todos buscamos el bienestar y rehuimos el dolor, lo que motiva que tengamos intereses propios, como el de preservar nuestras propias vidas, o el de no sufrir. Si aspiramos a que la ética que gobierna nuestras interacciones sea verdaderamente justa, debemos tener en cuenta este hecho.

Una pequeña gran revolución

Según el abogado y prestigioso defensor de los animales estadounidense Gary Francione, los animales deberían tener solamente un derecho: el derecho a no ser propiedad de nadie, a no ser recursos, a no ser cosas. Si se respetase este derecho acabaríamos con la explotación y con la inmensa mayoría del maltrato animal. Desgraciadamente, nos encontramos frente a una mentalidad forjada durante milenios que se basa precisamente en lo contrario: el animal no humano es un recurso, una posesión ilimitada para satisfacer to dos nuestros deseos, caprichos y necesidades.

Transformar esta mentalidad requiere una revolución. Y el veganismo es la herramienta más eficaz para lograrla, es decir, debate social, alternativas que existen, fin de las subvenciones y una nueva legislación.

Toda revolución empieza dentro de uno mismo, y cada persona encontrará la forma de empezar la suya (ojalá que las páginas de este libro puedan contribuir a ello).

El veganismo es otro paso en el camino, uno de los muchos que damos en nuestra vida. Cada persona irá puliendo todo lo que le gusta de sí misma, deja de fumar, comienza a hacer más ejercicio, cambia su alimentación, o su lugar de residencia, Buscamos tener un cuerpo saro, acercamos a la naturaleza, estar más en contacto con niños, con animales, elegimos amistades que actúen con nobleza.

¿Qué hacemos aquí? Somos almas encerradas en un cuerpo físico, que hemos venido a este mundo para amar. A través de una adecuada utilización del cuerpo podremos desarrollar todas nuestras capacidades y habilidades mentales y espirituales. Por eso es tan importante cuidarse. Más allá de las dietas, el veganismo, en palabras de Ana Moreno* «es una manifestación de amor».

De vegetarianos a veganos

A mediados del siglo pasado, mis padres se hicieron naturistas-vegetarianos a sugerencia de unos amigos y por cuestiones de salud (mi padre padecía colitis), al comprobar que aquella forma de vida les otorgaba un mayor bienestar en todos los sentidos. Al principio, en el entorno familiar y de amistades se veía como una forma de extravagancia. Es una forma de vida diferente, no sólo en la alimentación, sino también en temas de salud, como seguidores de la medicina natural. Los tres hijos hemos seguido nuestro propio camino (dos vegetarianos) y de los nietos solo tres son vegetarianos por ahora; la vida vegetariana en la escuela es un poco complicada.

En las últimas tres décadas, el cambio desde el punto de vista de la salud ha sido espectacular, precisamen-

te gracias a los hallazgos científicos. El libro «El informe de China», como veremos más adelante, es una buena muestra de todo ello. Sin embargo, los motivos éticos para respetar a los animales andaban rezagados, como si fuera un tema menos urgente, que siempre se dejaba «para más adelante». Hasta la llegada de Earthlings y los videos de YouTube…

No hace mucho recibí un email de los amigos de Igualdad Animal. En él iban corriendo a socorrer una gallina (Jane) que una industria avícola había arrojado viva al vertedero (www.youtube.com/watch?v=KRJPtkT5GJI&feature=youtu.be)

Luego recordé unos videos sobre los animales que acompañan las actuaciones de Morrissey («The Smiths»); son fáciles de localizar, entre muchos otros (más adelante os dejamos unos enlaces más). Me di cuenta que todo eso se produce cada día, todos los días. Había «olvidado» la esclavitud a la que están sometidas las vacas lecheras, las gallinas ponedoras, los animales de laboratorio. Hablamos mucho de ello, pero en realidad olvidamos el medioambiente, los países esquilmados, la salud de Gaia, nuestro planeta vivo.

En aquel mismo momento dije basta. Al cabo de toda una vida siguiendo una alimentación ovo-lacto-vegetaria-

---

* Ana Moreno es una de las divulgadoras por excelencia de la vida vegana y vegetariana. www.mundovegetariano.com

na («con los menos lácteos y huevos posibles», según el consejo de nuestro médico), faltaba este paso que, como veremos, es mucho más decisivo de lo que parece. Junto a la información y recetas del libro, encontraréis direcciones de Internet y bibliografía para los que queráis profundizar más en algunos de estos temas.

Interacción.
El día a día con los demás

Hay muchas más personas lacto-vegetarianas de lo que pensamos. Se está despertando la conciencia vegana en las personas y, aunque hay todavía un camino para que nos comprendan, una gran mayoría de personas no son veganas porque no tienen la misma información y concienciación. ¡Pero eso no significa que seamos mejores que ellos! Recordar eso ayuda a actuar con naturalidad en el día a día, sin ponerte a la defensiva, ni haciendo campañas exageradas.

Por otra parte, hoy ya hay un montón de restaurantes veganos o vegetarianos, e incluso lugares en donde se come de todo en los que un vegano puede comer perfectamente.

También existe mucha información para que puedas responder a quien te pregunte si te vas a morir de anemia o falta de calcio, etc. (el tabú sobre la carne de quienes la comen está todavía muy enraizado).

Se trata de poder explicarnos con una sonrisa, con amabilidad. Si detectas que no es una pregunta lo que te

están haciendo, sino una especie de persecución para intentar acorralarte, puedes hacer una broma de ti mismo y cambiar de tema; o puedes acabar la conversación con «es una opción mía personal, no tiene por qué ser válida para otras personas, que cada cual actúe como crea que es mejor».

«Las plantas también sufren»

La percepción social de veganos y vegetarianos ha mejorado mucho estos últimos años, pero todavía es tema de animados debates en comidas, reuniones o encuentros familiares o con amigos. Existe este argumento, que aparece cada vez con mayor frecuencia por parte de los omnívoros. Es una buena señal, porque sobre nutrición y dietética –con permiso de la vitamina B12– quedan pocos razonamientos… Antes, el argumento estrella eran las dudas sobre la capacidad nutritiva de una alimentación vegetariana, algo que la realidad y la ciencia han desmentido con creces, mostrando además las ventajas para la salud que tiene una buena dieta equilibrada sin carne.

Así que la Naturaleza nos ofrece el grano y las frutas. Son para los pájaros y para los humanos. Nadie sufre al comerlos.

Pero lo que parece interesar tanto a los carnívoros son las plantas del huerto, las coles, las zanahorias o las lechugas, porque se arrancan y se comen, ya que también *sufren*. Es incómodo, para todas las personas carnívoras con un mínimo de sensibilidad, justificar la matanza de animales para comerlos. Por eso se necesita este argumento para tranquilizar conciencias y seguir comiendo bistec.

Cuando un amigo mío vio crecer su primera lechuga, lloró de la emoción. Y yo mismo, la primera vez que planté una lechuga, a 60 km de donde escribo esto, no me atreví a cortarla cuando creció (al final… terminó espigando) En otras palabras, es un asunto que nos toca de cerca, porque, como seres vivos, las plantas también sufren.

Una hormona

Los científicos dicen que las plantas poseen *jasmonato*, la llamada «hormona del peligro», que podría considerarse equivalente a la adrenalina de los humanos. La misión de esta pequeña molécula, importante para la supervivencia de los vegetales, es actuar de centinela, avisar de una amenaza exterior –un animal herbívoro, un hongo, un insecto, una bacteria, un cambio brusco de temperatura– y reaccionar.

Esta hormona pone en marcha una batería de genes de defensa, por ejemplo, para desarrollar soluciones agronómicas y medioambientales ante las amenazas del cambio climático. La ciencia no había logrado descifrar toda la secuencia genética que interviene en la transmisión de la señal de alerta hasta hace poco. Un grupo de científicos del Centro Nacional de Biotecnología del CSIC, y de la Universidad Internacional de Elche, dirigidos por el biólogo Roberto Solano, descubrieron los genes que intervienen en la reacción de defensa química que se desencadena al detectar un peligro y que ayudan al vegetal a reaccionar.

«Las plantas, al contrario que los animales, viven en inmovilidad su historia evolutiva, por lo que para sobrevivir se han visto obligadas a desarrollar complejos sistemas de alarma», explica Solano. El biólogo del CSIC considera que, «teniendo en cuenta lo importantes que son para la vida humana, es sorprendente lo poco que aún se sabe acerca de sus mecanismos de percepción de señales, de cómo actúan los genes y cómo se coordinan».

Las plantas no parecen inmutarse si las tocamos o les arrancamos una hoja, pero si un gusano se posa sobre ella y la come con su diminuta dentadura, la planta tratará de defenderse y, además, alertará a sus vecinas sobre el peligro. Esto se sabe a través de otros estudios científicos sobre este asunto (Universidad de Turín e Instituto Max Planck de Alemania).

Ahora mismo ya se estudia esta cualidad de las plantas para combatir peligros como el exceso de sal, la sequedad y la falta de nutrientes en el suelo. Ahora bien, las plantas nos «escuchan», pero no tienen ojos...

Piedras y sistema nervioso

Y las piedras, ¿tienen vida? Bastaría con observar cómo una piedra es capaz de ordenar sus moléculas si está sometida durante siglos a una gran presión, hasta convertirse en diamante. ¿Cómo no van a tener vida las piedras?

Ahora bien, ¿es la misma vida que la que tiene una planta? ¿O que la que tiene una vaca, con su sistema nervioso central, sus ojos, su corazón...?

¿Tanto da una piedra que una vaca? ¿O es quizá una cuestión de sensibilidad y percepción?

Las plantas no tienen sistema nervioso central, ni nada similar a un cerebro. Cuando nos pinchamos un dedo con una espina, esa información es comunicada por el sistema nervioso al cerebro, donde se genera la sensación de dolor.

Los seres con sistema nervioso pueden sufrir o sentir placer tal como lo entendemos nosotros. Una planta no posee nada similar. Una planta se ufana para sobrevivir y se prepara para recibir los rayos solares... pero no posee una «percepción mental» de su vida.

Los animales somos conscientes de estar vivos; experimentamos nuestra vida, sufriendo si nos dañan y disfrutando de nuestra existencia. Huimos de las sensaciones desagradables y evitamos la muerte. Cuesta pensar que las plantas sean sujetos sujeto de una vida como el resto de animales... o que puedan «sentir dolor» sin poder huir. Se trata de otro plano de percepción.

Los veganos hemos de responder a innumerables preguntas como ésta, pero a menudo las preguntas no son sinceras: a veces tienen trampa. Para la mayoría, decir que «las plantas también sufren» es una forma rápida –y poco meditada– de justificar el consumo de carne, de evitar la mala conciencia de no pensar demasiado en serio sobre el tema.

Seguramente la dificultad mayor para un omnívoro es romper con la inercia vital y la costumbre que evoca hábitos y sabores adquiridos en la infancia; por eso insistimos tanto en la importancia de la educación de los hijos.

Los argumentos en favor de la vida sin matanzas sangrientas son poderosos y todo parece indicar que el futuro sostenible en el planeta será vegetariano o no será. Cuando comemos fruta, no muere nadie, ni sufre ningún árbol. Y si por extensión nos referimos a los cereales como «fruto» de la tierra... Vivir en paz en nuestro planeta... ¡no debería ser tan complicado!

Los animales

Una alimentación más saludable

«Somos lo que comemos»

Una dieta adecuada y bien planificada incrementa maravillosamente nuestras posibilidades de vivir una vida larga y saludable, manteniéndonos en buena forma física. Así que, si la dieta es tan importante, ¿no deberíamos aprender más acerca para alimentarnos correctamente, según los conocimientos sobre nutrición que nos aportan reputados estudios científicos de todo el mundo?

Todos estamos familiarizados con las recomendaciones que nos instan a comer más frutas y verduras y menos carne. Pero se sigue considerando la carne como parte de una alimentación supuestamente saludable y equilibrada. Numerosos estudios científicos han demostrado que el consumo de carne daña nuestra salud. Los expertos de la muy conservadora Organización Mundial de la Salud (OMS), valoraron en el 2015 más de 800 estudios científicos sobre el tema de la carne y sus derivados. Recordaréis que catalogaron la carne como «cancerígena» y se organizó un auténtico escándalo mediático. Incluso teniendo razón y autoridad,

«La violencia no deja de tener cierto parentesco con el miedo.»
Arturo Graf

no tuvieron más remedio que replegarse en su plan para reducir el consumo de carne.

Mala alimentación

En palabras del médico vegano Dr. Ernst Walter Henrich: «Las enfermedades cardíacas, hipertensión, diabetes, Alzheimer, sobrepeso… aparecen como resultado de una mala alimentación con productos animales. ¿Por qué, sabiendo la causa, se aceptan con una tranquilidad tan asombrosa?

Médicos, hospitales, clínicas, fabricantes de equipos médicos y corporaciones farmacéuticas sólo obtienen beneficios si existen personas con enfermedades crónicas que

necesiten recibir sus tratamientos. De igual forma, para que la industria de producción de alimentos de origen animal prospere, la población ha de consumir productos nocivos como la carne, la leche y sus derivados, los huevos y el pescado».

El problema es que las consecuencias para la salud de una mala alimentación con productos animales no son visibles inmediatamente, sino que aparecen al cabo de muchos años.

Tratar las causas o tratar los síntomas

Vivimos avances médicos formidables, pero pagamos un precio muy elevado por ello. Por un lado, aumentan los costes sanitarios y, con ellos, el precio de los seguros de salud. Por otro lado, se da la paradoja de que, gracias a los avances médicos, las personas que enferman debido a los productos de origen animal viven cada vez más tiempo. Con quimioterapia, pastillas, equipos médicos sofisticados, operaciones y procedimientos caros e invasivos, no se tratan las causas sino los síntomas de las enfermedades crónicas.

En otras palabras, el primer objetivo de la medicina moderna no es generar más salud, sino abastecer al sistema con un número creciente de enfermos crónicos, con una mayor esperanza de vida. Se alarga la vida de las personas, pero se alarga también su padecimiento. El objetivo real de una medicina responsable para las personas debería ser asegurar una vida con la mejor salud tanto física como mental. Esto sólo se puede lograr mediante la prevención, es decir evitando las enfermedades crónicas a través de una alimentación y una forma de vida saludables.

Campañas de prevención y los intereses de la industria animal

Pero con las personas sanas no ganan ni los médicos, ni los hospitales, ni la industria farmacéutica, ni los fabricantes de dispositivos médicos. Entonces, ¿quién tiene interés en conservar la salud de las personas? Probablemente ni siquiera la mayoría de compañías de seguros de salud, porque, si los costes crecen, los asegurados los cubrirán con cuotas más altas.

La política también aparece atrapada por la industria animal. La promoción que se hace en los países europeos del consumo de carne y embutidos con apoyo oficial (incluso después de que la OMS la clasificara como «cancerígena»), muestra de forma muy clara la estrecha relación entre la política y la industria animal. Existen también Organizaciones de consumidores y Entidades relacionadas con la nutrición, supuestamente independientes, encargadas de publicar las recomendaciones oficiales sobre alimentación, que en realidad son un fraude, ya que se financian en gran medida por la industria animal. Ocurre así en todo el mundo. El escándalo es de tales dimensiones que la noticia es que existan asociaciones independientes –en España, por ejemplo, la Asociación «Dietética Sin Patrocinadores»–.

Los científicos que forman parte de estas organizaciones aparentemente independientes reciben ofertas por parte de las empresas de la industria de la carne, leche y huevos para trabajar como consultores o realizando otras actividades generosamente remuneradas. ¿Podrían estos científicos, en estas circunstancias, pronunciarse en contra de los productos de las empresas que los financian o benefician?

También en política están actuando con éxito, en forma de lobby, los representantes de los intereses de la industria animal. Así que las leyes se crean a beneficio de la industria y en detrimento de la población.

¿Subvenciones a la agricultura... o a la ganadería?

En todo el mundo se mueven grandes sumas de dinero público (nuestro dinero) en forma de subvenciones a la industria ganadera. Solamente en la UE cada año se invierten más de 50 billones de euros en subvenciones para la industria agrícola. Pero lo que apenas se sabe es que la mayor parte de estos recursos se destina a la ganadería. Se pagan incluso primas adicionales para la exportación de productos de origen animal, de tal forma que aparecen productos baratos de origen animal de la UE que inundan el mercado mundial perjudicando a los países pobres.

Los representantes de la industria animal se sientan en organismos gubernamentales que determinan y llevan a cabo las recomendaciones dietéticas oficiales. Suelen estar tan bien camuflados que no se les reconoce como tales, ya que los contratos como asesores de la industria animal con altas remuneraciones y otras lucrativas actividades a tiempo parcial, no atraen demasiado la atención.

El caso es que en todas partes los puestos de los organismos oficiales de la alimentación están ocupados por políticos, nutricionistas, médicos, representantes de la prensa y del marketing, que son financiados por la industria de la carne, de los productos lácteos y del huevo. ¡Y es esta gente la que decide y elabora las recomendaciones dietéticas oficiales para la población!

Por supuesto, esas «recomendaciones» contradicen a menudo las observaciones de los científicos que ya han demostrado los efectos negativos de los productos de origen animal sobre la salud. El Dr. Colin Campbell (autor del famoso «Estudio de China») resume así este tipo de manipulación: «Sabemos muchísimo sobre la conexión entre la dieta y la salud, pero la verdadera ciencia está enterrada en un maremágnum de información irrelevante, e incluso perjudicial, causada por la pseudociencia, las dietas de moda y la propaganda de la industria de la alimentación».

«No está suficientemente demostrado»

El método de manipulación preferido y generalizado de la industria animal y sus partidarios consiste en poner en duda los estudios serios, llevados a cabo por reputados científicos, en donde aparecen claras evidencias de los riesgos que para la salud tiene el consumo de productos de origen animal. No es raro escuchar la ya popular frase «no está suficientemente demostrado», su recurso favorito en este tipo de «polémicas».

A menudo se critican detalles triviales, y aunque se trate de críticas irrelevantes, cogidas por los pelos y fácilmente refutables, la industria animal logra su objetivo: cuando un estudio excelente es criticado por un partidario de la industria animal, se convierte en «dudoso». Y cuando científicos serios argumentan basándose en un estudio absolutamente serio, se les pone delante otra palabra infalible para estos mangantes: «dudoso».

La opinión pública, e incluso la prensa, no suelen darse cuenta de este mecanismo de manipulación, con lo que el ciudadano, debido a este tipo de propaganda manipuladora, sufre las drásticas y graves consecuencias para la salud, arrastrando dolencias crónicas, a veces durante años.

Otro método habitual de manipulación si hay que promocionar un producto poco saludable consiste en fijarse sólo en determinadas sustancias importantes para nuestra alimentación y representar con ellas la totalidad del producto, como ocurre, por ejemplo, con la leche.

La leche y la absorción de calcio

Las malas consecuencias para la salud causadas por la **leche**, el **queso** y **otros productos lácteos** son poco conocidas, pero posiblemente más graves aún que las de la carne. La industria láctea y sus partidarios siempre se han centrado en el calcio y la proteína de la leche, que se supone que es saludable e indispensable para desarrollar huesos fuertes.

Pero la biodisponibilidad del calcio de la leche es muy escasa si la comparamos con la de distintas verduras ricas en calcio como el brócoli. Es decir, aunque la leche sea rica en calcio, ese calcio no puede ser bien absorbido, ni utilizado por el cuerpo humano.

Es mucho mejor obtener el calcio de alimentos vegetales: algas (hiziki, agar-agar), levadura de cerveza, frutos secos (almendras, avellanas, anacardos), semillas (sésamo, lino, amapola, calabaza), plantas (diente de león, orégano, mostaza) así como una buena combinación de cereales y legumbres. Y practicar ejercicio.

Leche y osteoporosis

Las fuentes de proteína animal, incluidos los productos lácteos, carne y huevos, pueden causar, además, una pérdida significativa de calcio a través de los riñones, debido a la elevada cantidad de aminoácidos azufrados que contienen. Así que el contenido proteico por el que la leche es tan alabada… no sólo dificulta la absorción del calcio de la propia leche y sus derivados, ¡sino que provoca además una pérdida neta de calcio!

No es de extrañar que los índices de osteoporosis en los países con un mayor consumo de leche sean los más altos, mientras que en los países en los que se bebe menos leche son los más bajos. Existen ya estudios suficientes que demuestran que las personas que beben más leche tienen un índice más alto de roturas de huesos.

De la caseína a las hormonas

Sin embargo, hoy se sabe que la proteína animal, y especialmente la proteína de la leche, es un gran potenciador del desarrollo del cáncer. El ya citado profesor Campbell analizó este problema en su «Estudio de China» (Ed. Sirio), que fue financiado por contribuyentes estadounidenses y chinos– y determinó que «la proteína que se muestra decididamente como impulsora del cáncer es la caseína (el 87% de la proteína en la leche de vaca), que promueve todos los estadios del cáncer». En cambio, ¿cuál es la proteína que no se muestra como promotora del cáncer, ni siquiera en dosis altas? «Las proteínas inofensivas son de origen vegetal, por ejemplo, las procedentes de trigo y soja».

Existen innumerables estudios más que ponen en evidencia los considerables peligros para la salud que implica la leche. Por eso elogiar las ventajas de la leche para la salud, apelando a su contenido en calcio y proteínas es tan absurdo como promocionar el consumo de setas venenosas solamente porque es indiscutible que estas setas también contienen vitaminas y minerales.

Los cuentos de la industria animal, según los cuales la carne, el pescado, los huevos, la leche y los productos derivados de la leche son alimentos

saludables y valiosos, los asumen sin réplica, consumidores mayormente estresados, periodistas que no tienen ni idea y políticos que dependen de la industria. Y por eso la actual política de subvenciones y rebajas en impuestos (como el IVA) es tan escandalosa. Se trata de un fraude de dimensiones colosales.

Millones de personas padecen trastornos y mueren por malnutrición extrema causada por el consumo de carne, leche, productos lácteos, huevos, grasas y proteínas animales, que provocan obesidad, hipertensión arterial, infarto de miocardio, angina de pecho, accidentes cerebro vasculares, aterosclerosis, osteoporosis, cáncer, diabetes, Alzheimer y otras enfermedades crónicas.

Toxinas en el pescado, la carne y los lácteos

Existen ya numerosos estudios nutricionales llevados a cabo en los últimos años que muestran la relación entre el consumo de productos de origen animal y estas enfermedades graves. La contaminación marina con dioxinas y metales pesados aparece en las toxinas presentes en los peces en dosis alarmantemente altas. Las universidades de Barcelona y Granada investigaron durante el año 2009 la exposición al mercurio de niños y de mujeres embarazadas, y encontraron una clara correlación entre el consumo de pescado y la presencia de mercurio en el organismo.

Un aumento de la concentración de mercurio deteriora el rendimiento intelectual de los niños (memoria, lenguaje) y retrasa su desarrollo. Otro estudio francés de 2007 revela que los peces y la leche son las fuentes más importantes de absorción de toxinas (dioxinas, furanos y dioxinas, PCBs).

Según las investigaciones del ministerio suizo para la salud (BAG) de 2009 y 2013, el 92% de los tóxicos (como las dioxinas y PCB) que pueden provocar cáncer provienen de la alimentación de productos animales, junto a la leche y los productos derivados de la leche, que aportan un 54% (son los que más tóxicos aportan).

Es fácil encontrar abundante información sobre la alta toxicidad y ecotoxicidad (persistencia) de la dioxina y PCBs, así como su tendencia a acumularse en los seres vivos (bioacumulación).

La absorción de Dioxina y dl-PCB por parte de las personas, «ocurre en un 90% a través del consumo de alimentos grasos de origen animal que contienen grasa, como la leche, carne, pescado y huevos: Casi un tercio corresponde al consumo de carne, leche y derivados de la leche». El pescado, según variedad y contenido en grasa, está más contaminado con dioxinas, pero en todo caso, lo que es determinante para producir el efecto tóxico no es tanto el consumo diario, sino la acumulación en los tejidos adiposos y en el hígado, es decir, en la sobrecarga en el cuerpo humano.

Leche, cáncer y Alzheimer

Un gran número de estudios demuestra la relación entre el consumo de leche y enfermedades graves como el cáncer de mama, de ovarios y de próstata, el Alzheimer, esclerosis múltiple, Parkinson, diabetes (tipos y II), osteoporosis… La OMS publicó datos sobre la incidencia mundial del cáncer de mama, asociándola a la cantidad del consumo de leche. El estudio se llevó a cabo en la Unión Europea por la organización EU-BST-Human Report, que analizó los efectos del consumo de leche sobre la salud de las personas, y llegó a la conclusión de que las hormonas que se encuentran en la leche pueden estimular el crecimiento de tumores malignos, sobre todo del cáncer de mama y el de próstata.

Con todo, aunque millones de personas sean víctimas de la carne, los huevos y los productos lácteos se acepta simplemente como un hecho «normal», sin generar ninguna reacción por parte de los medios de comunicación. Sin embargo, si una sola persona muere porque unos padres irresponsables la han «alimentado» de forma totalmente inadecuada, y puede relacionarse, aunque sea de manera errónea, como vegana, el incidente desencadena una enorme protesta pública y escandaliza a consumidores y representantes de la industria cárnica.

Beneficios de una alimentación vegana

Todo ello contrasta con los resultados de la investigación científica formal sobre nutrición, y también con las declaraciones de nutricionistas de renombre. Así, por ejemplo, en el año 2003, en un comunicado conjunto, tres entidades importantes (Sociedad Americana para la Nutrición, *American Dietetic Association* y Asociación Canadiense de Nutricionistas) se pronunciaron sobre los beneficios de la alimentación vegana para la salud. Algunos de los más reputados nutri-

cionistas de los EE.UU. y Canadá pertenecen a dichas organizaciones. Sólo la ADA cuenta con unos 70.000 miembros. En este documento conjunto se afirma, entre otras cosas, lo siguiente:

«Las dietas veganas bien planificadas y otros tipos de dietas vegetarianas son apropiadas para todas las etapas del ciclo vital, incluyendo el embarazo, la lactancia, la infancia y la adolescencia".

O las declaraciones inequívocas del profesor Dr. Claus Leitzmann, uno de los nutricionistas más respetados y reconocidos en Alemania:

«Los estudios sobre personas veganas realizados a nivel mundial, y también los que hemos hecho nosotros, muestran que las personas veganas son, de promedio, significativamente más sanas que el resto de la población. El peso corporal, la presión arterial, los lípidos en sangre y los índices de colesterol, la función renal y el estado de salud en general se encuentran más a menudo, en rangos normales».

En 2009, la Asociación Americana de Dietética (conectada con la industria, pero respetuosa con datos que no se pueden ignorar), abogaba ya por una alimentación vegana. La AND llegó a la conclusión de que «una alimentación vegetariana, e incluso vegana, siempre que esté bien planificada, es correcta, saludable y nutritiva para adultos, bebés, niños y adolescentes. Y puede incluso ayudar a prevenir y a tratar enfermedades crónicas como las enfermedades cardíacas, el cáncer, la obesidad y la diabetes».

La alimentación vegana es beneficiosa para la salud en general y en la prevención y tratamiento de enfermedades. Las dietas vegetarianas bien planificadas son apropiadas para todas las etapas del ciclo vital, incluyendo el embarazo, la lactancia, la infancia, la niñez y la adolescencia, así como para los atletas.

El médico norteamericano Dr. Neal Barnard

El *Comité de Médicos por una Medicina Responsable* (PCRM) es una organización sin ánimo de lucro que divulga la medicina preventiva, lleva a cabo investigaciones clínicas y promueve un alto nivel en la ética y la eficacia en la investigación. El PCRM recomienda la alimentación vegana como la alimentación más saludable:

«La alimentación vegana, sin productos de origen animal, es incluso más saludable que la alimentación vegetariana ya que no contiene colesterol, tiene menos grasas saturadas y menos calorías, y porque no incluye productos lácteos ni huevos. La investigación científica demuestra que, cuando se reduce la ingesta de alimentos de origen animal, aumentan los

beneficios para la salud, lo que hace que la alimentación vegana sea, en general, más saludable».

El Estudio de China

En este libro nos referimos repetidamente al «Estudio de China». Su importancia está en los datos inapelables que contiene, y al hecho de que es el resultado de la tarea de muchos años de uno de los más importantes investigadores norteamericanos en nutrición. El profesor Dr. T. Colin Campbell, su autor, explica los beneficios de una alimentación vegetariana: «en efecto, los resultados de todos estos estudios demuestran que entre un 80-90%, de cánceres, así como los trastornos cardiovasculares, y otras enfermedades degenerativas, se pueden prevenir fácilmente con una alimentación puramente vegetal, como mínimo hasta una edad muy avanzada».

Durante más de cuarenta años, el profesor Dr. T. Colin Campbell fue uno de los principales investigadores en nutrición del mundo y uno de los más respetados. Este profesor emérito de la Universidad de Cornell ha publicado más de 300 trabajos de investigación y este libro es su legado, el estudio más completo de salud y nutrición que se haya hecho nunca. La

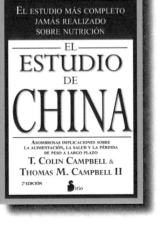

investigación fue financiada con fondos públicos de los Estados Unidos y China y especialmente bien controlado por las instituciones. Aquí algunas citas del libro:

• «Las personas cuya alimentación se basaba en productos de origen animal padecían en su mayoría enfermedades crónicas. Incluso cantidades relativamente pequeñas de alimentos de origen animal se asociaron con efectos adversos. Aquellas personas que tomaron la mayor parte de los alimentos de origen vegetal en sí, estaban saludables y tendían a no contraer enfermedades crónicas».

• «¿Qué proteína se mostraba decididamente como promotora del cáncer? La caseína, que supone el 87% de la proteína en la leche de vaca, promueve todos los estadios del cáncer. ¿Qué proteína no se muestra como promotora del cáncer incluso en dosis altas? Las proteínas inofensivas son de origen vegetal, por ejemplo, del trigo o la soja».

• «Los nutrientes de los alimentos de origen animal aumentan el crecimiento del tumor, mientras que los nutrientes de los alimentos de origen vegetal disminuyen el desarrollo de tumores».

• «Un importante descubrimiento, durante la observación, fue la estrecha relación existente entre las proteínas de origen animal y una alimentación rica en grasas y hormonas sexuales, con una menarquía temprana y el aumento del riesgo de cáncer de mama.

• «Las personas con más alto consumo de proteína animal, eran las más propensas a sufrir enfermedades de corazón, cáncer y diabetes».

• «La misma alimentación que es adecuada para la prevención del cáncer, también lo es para la prevención de enfermedades cardíacas, obesidad, diabetes, cataratas, degeneración macular, Alzheimer, trastornos cognitivos, esclerosis múltiple, osteoporosis y otras enfermedades. Además, esta dieta beneficia a todos, independientemente de su genética o constitución personal. En todas estas enfermedades y en muchas otras, el denominador común es el mismo: una dieta poco saludable, con la mayoría de sus componentes tóxicos, y un estilo de vida inadecuado. Que cuenta además con un gran número de factores desencadenantes de enfermedades y carece de factores generadores de salud, es decir: la dieta occidental. Por otro lado, existe una forma de alimentarse que puede contrarrestar todas estas enfermedades, una alimentación basada en alimentos integrales de origen vegetal».

• «En definitiva, se trata de utilizar una gran variedad de alimentos de origen vegetal y apartar aquellos alimentos de origen animal que provocan los efectos nocivos para la salud que pasan casi desapercibidos. Estos últimos están presentes en todo tipo de carnes, productos lácteos y huevos».

• «Me di cuenta de que algunas de nuestras convicciones, profundamente arraigadas, son falsas y que la verdadera salud se oculta. Lo más lamentable es que la población en general lo desconoce y paga por ello un precio muy alto».

• «Uno de los resultados más agradables de esta investigación es que una buena nutrición y una buena salud son fáciles de conseguir. El contexto biológico entre alimentación y salud es extremadamente complejo, pero el mensaje es sencillo. Las recomendaciones de todos estos estudios son tan simples que se pueden resumir en una sola frase: "Coma alimentos completos de origen vegetal y reduzca al mínimo el consumo de productos procesados y de alimentos enriquecidos con grasas y sales"».

«Aunque los científicos, médicos y políticos responsables de las decisiones no se lo crean, para que la gente puede cambiar algo, todo el mundo debería saber que una alimentación ecológica, basada en alimentos vegetales completos –integrales–, es de lejos la forma más sana de nutrirse».

Sobre el cambio a una alimentación vegana, el profesor Campbell dice:

• «El primer mes puede ser un desafío, pero después resulta mucho más fácil y para muchos será un verdadero placer. Sé que es difícil de creer antes de haberlo experimentado por uno mismo, pero el sentido del gusto cambia cuando sólo se comen vegetales, a pesar de que el tiempo de transición puede representar un auténtico reto a nivel psicológico y práctico. Se necesita tiempo y un poco de esfuerzo. Tal vez no recibas el apoyo de tu familia y amigos, sin embargo, los beneficios para la salud son casi un milagro y te sorprenderás de lo fácil que es cuando hayas desarrollado nuevos hábitos».

Sobre este mismo tema, el médico y militante vegano, Dr. Ernst Walter Henrich dice: «He vivido una experiencia que se ha repetido a lo largo de los años una y otra vez, y es que quien está contra la alimentación vegana, es porqué sabe muy poco sobre ella, o porqué se gana la vida con productos de origen animal».

Bill Clinton y el corazón

El Dr. Caldwell Esselstyn (en la lista de los mejores médicos de EEUU) fue quien convenció al ex presidente Bill Clinton, para iniciar una dieta vegana. En las décadas de 1980 y 1990 hizo sus famosos estudios con enfermos graves de corazón desahuciados por la medicina y a los que a menudo no les quedaba mucho tiempo de vida.

Todos los pacientes que habían iniciado una alimentación estrictamente vegana y baja en grasas, no sólo sobrevivieron hasta el final de su libro, sino que incluso recuperaron la salud. Esto llama especialmente la atención, ya que las enfermedades coronarias son la primera causa de muerte en los países occidentales industrializados.

Según los hallazgos del Dr. Esselstyn (y otros científicos), las enfermedades coronarias no deberían existir, ya que todas son causadas por el consumo de carne, leche, lácteos, huevos y pescado.

«El consumo de grasa incita al propio organismo a que produzca grandes cantidades de colesterol, por eso incluso los vegetarianos que consumen grasas, mantequilla, queso, leche, helados, donuts y pasteles rellenos, desarrollan enfermedades coronarias, incluso aunque no coman carne».

«La clave del éxito consiste en tener en cuenta los detalles. En nuestro programa se elimina completamente y sin excepción, el consumo de todos los componentes que causan arterosclerosis. Los pacientes deben eliminar de su vocabulario y de su pensamiento la frase 'un poco no hace daño'. Hoy sabemos que lo correcto es justamente lo contrario: 'incluso un poco puede hacer daño'. Y, de hecho, lo hace».

Bill Clinton se curó de una grave enfermedad coronaria, que había puesto

Ideas para una alimentación vegana saludable

1 *Alimentarnos de la forma más variada posible.*

2 *Tomar un complemento alimenticio de vitamina B12, y en invierno eventualmente de vitamina D (puede ser vitamina D2 o D3 veganas) y yodo, que se obtiene de las algas o de la sal yodada, si bien esta última se debe tomar con moderación.*

3 *Tomar en las comidas (varias veces a la semana) una bebida con alto contenido en vitamina C para optimizar la asimilación de hierro.*

4 *Evitar el consumo de azúcares refinados y harinas blancas.*

5 *Restringir la cantidad de aceites y grasas adicionales (si se padecen enfermedades cardíacas, evitar completamente su consumo). Esta regla no debe aplicarse a los niños pequeños. Se aconseja obtener el aceite omega-3 de semillas de lino recién molido.*

6 *Restringir el consumo de alimentos elaborados de forma industrial.*

7 *Dar preferencia a las frutas, verduras, legumbres, frutos secos (sobre todo las nueces) y productos integrales.*

su vida seriamente en peligro y por la que se vio obligado a pasar por varias operaciones, gracias a una alimentación vegana que cumplió estrictamente. En una entrevista, Clinton dijo: «He dejado de comer carne, queso, leche e incluso pescado. Ya no como ningún producto lácteo», y añadió: «He decidido adoptar esta alimentación para aumentar al máximo mis posibilidades de vivir una larga vida».

Del alcohol a la vitamina B12

Una alimentación vegana variada, llevada a cabo correctamente, es la alimentación más sana y el único tipo de alimentación verdaderamente saludable para los seres humanos. Sin embargo, de una dieta a la que sólo se le quitan la carne y el pescado, pero se mantiene el consumo de leche, queso y huevos, no se puede esperar que sea una alimentación realmente sana.

Por otra parte, en nuestro país han aparecido «veganos» que son fumadores, o beben alcohol, o ponen énfasis en comidas con alimentos refinados o un exceso de azúcar. Por supuesto que no comen carne, pero su estilo de vida no tiene nada que ver con la salud.

También hay que tener en cuenta que una alimentación vegana poco variada, compuesta por demasiados azúcares refinados y muchas grasas y aceites, también es insana. Una alimentación vegana sólo es saludable cuando se tienen en cuenta y se respetan una serie de reglas. Y no siempre se tienen en cuenta.

En la alimentación vegana merece especial atención el aporte de vitamina B12 porque esta vitamina sólo la producen microorganismos (bacterias) y se encuentra especialmente en productos perecederos de origen animal.

Sobre esta carencia se apoyan los amantes de la carne y los médicos y dietistas convencionales: es el único gran argumento contra la alimentación vegana. Pero…

En realidad, muchos omnívoros sufren carencia de vitamina B12 (!). Y existen veganos que nunca han tomado suplementos de vitamina B12, sin que su organismo muestre señales de este déficit. ¿Cómo es posible?

Hoy sabemos que el cuerpo puede generarla bajo ciertas condiciones, y que existen indicios de que algunos alimentos vegetales pueden contener también suficiente vitamina B12 (o los fitonutrientes necesarios para que el organismo humano disponga de ella): son la mayoría de algas matrinas y de lago, el miso y otros vegetales fermentados.

Desde el punto de vista médico, para que la alimentación vegana sea saludable, hay que complementarla con un suplemento nutricional de vitamina B12 de vez en cuando, algo que es bastante fácil de poner en práctica. También es posible utilizar alimentos enriquecidos con vitamina B12 e incluso pasta de dientes con B12. Si se quiere una mayor seguridad, se puede realizar una analítica de la concentración de vitamina B12 en sangre. Es el único esfuerzo que se nos pide: muy poco en realidad si lo comparamos con las inmensas ventajas para la salud de la alimentación vegana.

La mejor comida para tus mascotas

Cuida también de la salud y la vida de los animales que viven contigo y responsabilízate de ellos. Porque la alimentación vegana no sólo es la más sana para las personas humanas, ya que los perros alimentados de manera vegana tienen una mejor salud y normalmente alcanzan una edad más avanzada. La diferencia no consiste en el contenido de los nutrientes, ya que los perros y los gatos reciben todos los nutrientes necesarios tanto a través de una alimentación carnívora bien combinada como a través de una alimentación vegana igualmente bien combinada.

No importa tanto de dónde proceden los nutrientes, sino que la comida contenga todos los nutrientes que necesitan. La diferencia entre las dos maneras de alimentarles y al mismo tiempo la enorme ventaja de dar el paso a una alimentación vegana, se basa más bien en el hecho de que la comida vegana, comparada con la comida carnívora, contiene bastantes menos sustancias dañinas para la salud.

Según informes de la Oficina Federal de Salud suiza, del Ministerio de Medio Ambiente Alemán, y según investigaciones de diversos científicos, un 90% de todas las sustancias tóxicas que se encuentran en los alimentos para el consumo humano proceden de productos… de origen animal.

A los alimentos específicos para animales, se añaden los desechos de los mataderos que no son aptos para el consumo humano.

Hace algún tiempo se registró en el libro Guinness de los Récords el perro más viejo, con 27 años, que había sido alimentado de forma estrictamente vegana. Más información en: www.ProVegan.info/vegetarian-dog.

Derechos humanos y vida planetaria

Desequilibrio

Unos mil millones de personas (**mil millones**) padecen hambre en el mundo. Cada segundo una persona muere de hambre. Treinta millones de personas al año. Cada año. Todos los años.

Cada día (**cada día**) mueren de hambre entre 6.000 y 43.000 niños, mientras que, a nivel mundial, aproximadamente el 40% de la pesca, el 50% de la cosecha de cereales y entre 90% - 98% de la cosecha mundial de soja se utiliza para dar de comer a los «animales de granja».

El 80% de los niños que sufren hambre viven en países que producen excedentes de alimentos, pero los niños siguen hambrientos y mueren de inanición porque el excedente de cereales se da de comer a los animales o es exportado.

La utilización de alimentos vegetales para la producción de alimentos de origen animal muy dudosamente sanos, es absurdo, un escándalo y un despilfarro superlativo: para producir un solo kilo de carne se necesitan, según la especie animal, hasta 16 kg de alimento vegetal y entre 10.000 y 20.000 litros de agua.

De forma indirecta, a través de los productos de origen animal se despil-

La ley del animal más fuerte

En nuestra sociedad se considera totalmente normal y moralmente aceptable explotar a los animales en beneficio de los humanos (como las vacas lecheras), torturarlos (como la experimentación con animales) y ejecutarlos (animales para generar comida en el matadero).

La evolución ha dotado al ser humano de las facultades y los medios para llevar a cabo esta explotación. Un estado privilegiado y tentador para seguir la ley del más fuerte, que es la base para la explotación, la tortura y la muerte de los animales.

Sin embargo, en nuestra sociedad existe un valor ético elemental, aceptado generalmente, que afirma que ésta no puede basarse en la ley del más fuerte. Unos valores morales que tampoco toleran la aplicación caprichosa de los mismos por parte de los individuos más fuertes en su propio interés.

Para legitimar «moralmente» la explotación de los animales, la sociedad utiliza un recurso extraño. La especie humana proclama arbitrariamente, un supuesto «valor» intrínseco superior para sí misma y excluye de forma arbitraria a toda la especie animal de los criterios éticos vigentes.

Habría que comprobar si este recurso arbitrario para la explotación de los animales es compatible con unos valores morales auténticos, que no incluyen la ley ni los intereses del más fuerte.

Imaginad si tuviéramos un «súper humano» más poderoso por encima de nosotros, los humanos. ¿Qué diríamos sobre su derecho moral? ¿Tendrían derecho a…

…torturar a los humanos durante toda su vida en lugares de hacinamiento en masa o en campos de concentración?

…matar a los humanos en los mataderos, en parte sin anestesia?

…fecundar cada año a las mujeres humanas de forma artificial y/o violarlas para embarazarlas y robarles su leche?

…robarles cada año los hijos a las madres, a las que se embaraza continuamente, para volver a quitarles

cada año a sus hijos, para que los bebés humanos no se beban la leche?

...asesinar a los bebes robados a sus madres y transformarlos en carne y embutidos?

...asesinar preventivamente para el control de epidemias, a los humanos enfermos y a sus familiares de las granjas industrializadas, en instalaciones de destrucción masiva?

...transportar a los humanos durante días sin alimento ni agua, a los campos de exterminio?

...experimentar medicamentos en humanos, con todas las torturas que esto conlleva?

...realizar en humanos los más crueles experimentos «científicos»?

...experimentar con sustancias venenosas en seres humanos para encontrar las dosis mortales?

...celebrar rituales de muerte para explotar el lado oscuro personal en ruedos y en fiestas populares?

...exhibir a humanos en cárceles y llamar a esto "zoos"?

...obligar con violencia a humanos a hacer acrobacias y llamar a esto "circos"?

...calificar la caza de humanos como deporte e incluso considerarla como protección y cuidado de la naturaleza?

...promulgar una ley de defensa de los humanos que declare razonable asesinarlos, para comer su carne insana y usar su piel como ropa?

Si unos "súper-seres vivos" superiores le trataran así, a usted y a su familia, iría contra todos los valores morales auténticos, ¿verdad? Pues eso es lo que hacemos a los animales. No existe ninguna razón moralmente aceptable; sólo la ley del más fuerte es la que nos otorga la posibilidad de consumir productos lácteos, comer la carne de los animales, y que nuestra sociedad pueda llevar a cabo todas las crueldades descritas anteriormente contra los animales. O encargarlas, al comprar productos de origen animal.

farran enormes cantidades de calorías de origen vegetal, que dejan de estar a disposición de las personas.

Dos países

Por ejemplo, la hambruna de 1984 en Etiopía no se debió a que la agricultura local no produjera alimentos, sino a que estos alimentos se exportaron a Europa para alimentar a los "animales de granja".

Durante la hambruna, que costó la vida a decenas de miles de personas, los estados europeos importaron cereales de Etiopía para alimentar a sus gallinas, cerdos y vacas. Si se hubie-sen utilizado los cereales para alimentar a los etíopes en su propio país, no hubiese habido hambruna.

En Guatemala, un 75% de los niños menores de 5 años está desnutrido. Sin embargo, anualmente se siguen produciendo más de 17.000 toneladas de carne para exportarla a EEUU.

Para cebar a los animales explotados por la industria ganadera se necesitan cantidades gigantescas de cereales y soja, que a los niños desnutridos les faltan. En lugar de alimentar a los que pasan hambre en el mundo, les quitamos el alimento para cebar a los maltratados "animales de consumo" y así satisfacer nuestra adicción a la carne, los huevos y la leche.

Además, debido a la enorme demanda de soja y cereales que genera la industria animal, encima los precios de estas plantas alimenticias suben de tal forma que para muchas personas en los países hambrientos, se vuelven prohibitivos.

El World Watch Institute y el banquero sagaz

Hace quince años, el diario británico *The Guardian* ya publicaba: «Ha quedado claro que una alimentación vegana es la única respuesta ética al acuciante problema mundial que es la injusticia social del hambre en el mundo».

Según el *Institute for Food and Development Policy*: «En el mundo hay suficiente alimento para todos, pero una gran parte de este alimento, y de la superficie mundial de cultivo, se utiliza para producir vacas y animales para gente rica, mientras millones de niños y adultos sufren hambre y desnutrición».

O los informes del prestigioso "World Watch Institute": «El consumo de carne supone un uso poco eficiente del cereal (los cereales se utilizan de forma eficiente cuando los consumen las personas). El continuo aumento de la producción de carne depende de que se siga alimentando a los animales con cereales, lo que conlleva la competencia por los cereales entre el número creciente de comedores de carne y los pobres de este mundo».

Phillip Wollen, ex-vicepresidente del Citibank, a los 34 años una revista lo nominó como uno de los 40 directivos más influyentes. Entonces cambió su vida por completo, porque quería hacer su contribución contra los delitos hacia los animales, los seres humanos y el medio ambiente:

«Cuando viajo por el mundo veo cómo los países pobres venden su grano a occidente, mientras sus propios hijos mueren de hambre en sus brazos. Y occidente alimenta con este grano a su ganado, ¿solo para que nosotros podamos comernos un filete? ¿Soy el único que ve que esto es un crimen? Créanme, cada trozo de carne que comemos es una bofetada en la cara llorosa de un niño hambriento. Mirando a los ojos de este niño, ¿cómo puedo seguir callado? La Tierra puede producir suficiente alimento para satisfacer las necesidades de todos, pero no para satisfacer la avaricia de unos pocos».

Subvenciones masivas

Contra todo sentido común (y moral), en la Unión Europea, los políticos subvencionan masivamente las industrias cárnicas y lácteas con fondos que recaudan a través de los impuestos. Sin embargo, esto no nos debería extrañar en una UE que subvenciona, con los fondos recaudados, el cultivo de tabaco, mientras paga campañas publicitarias contra el consumo del mismo.

Las flotas pesqueras de las naciones industrializadas como los EE.UU., Japón y Europa adquieren los derechos de pesca de zonas pesqueras en aguas de países pobres, en continentes como África y Sudamérica. Una vez que han saqueado los mares de estas regiones siguen su camino dejando atrás un ecosistema devastado y habitantes muertos de hambre.

«Podemos comer pescado siempre que estemos dispuestos a contribuir al desmoronamiento de los ecosistemas marinos y al hambre de los más pobres de este mundo, ya que las flotas europeas devastan los mares del África Occidental. Es inevitable llegar a la conclusión de que la única opción sostenible y socialmente ética, consiste en que los habitantes del mundo rico, igual que la mayoría de las personas de la Tierra, se hagan veganas».

Cada día tomamos la decisión, a través del consumo de carne, leche, queso y huevos, si queremos seguir participando en el sistema que convierte todo en «cosas». En la industria de los «animales útiles», con todas las terribles consecuencias para los hambrientos, los animales y para el medio ambiente.

Los derechos de todos los animales

Hoy la conocida frase de Linda y Paul McCartney se ampliaría a las granjas avícolas y ganaderas en general. Después de la visión de algunos vídeos sobre maltrato animal no todas las personas han decidido cambiar de estilo de vida al veganismo –al menos de momento–, pero no conozco a nadie que haya quedado indiferente tras la visión de estos vídeos. Hoy, por suerte para la toma de conciencia, son abundantes y fáciles de encontrar en Internet. Encontraréis una lista de enlaces al final del libro. Un buen resumen de la situación aparece en los documentales que publican los amigos de «Igualdad Animal» y en el film «Earthlings», un documental ganador de diversos premios narrado por Joaquin Phoenix y con música de Moby, ambos militantes a favor de los derechos de los animales.

«Si los mataderos tuvieran paredes de cristal, seríamos vegetarianos»
Linda y Paul McCartney

La historia del ser humano está llena de crímenes inmorales que antes eran legales, desde la esclavitud a la discriminación racista. Por eso Martin Luther King, premio Nobel de la Paz, dijo: «Nunca olvides que todo lo que hizo Hitler en Alemania en su tiempo era legal». Pero Luther King también dijo «Si supiera que mañana iba a terminar el mundo, yo hoy plantaría un árbol».

Entre todos hemos de plantar un árbol de esperanza para todos los animales no-humanos.

El pacifista Bertrand Russell, filósofo y premio Nobel de Literatura dijo: «No hay ninguna razón objetiva para creer que los intereses humanos son más importantes que los de los animales».

Otro premio Nobel de Literatura, Román Rolland (1866-1944), que ni siquiera ha vivido los crímenes de la explotación industrial de animales dijo:

«La crueldad hacia los animales, e incluso la indiferencia hacia su sufrimiento es, a mis ojos, uno de los peores crímenes de la humanidad. Es la base de la perversidad humana. Si el hombre crea tanto sufrimiento, con qué derecho se queja cuando él mismo sufre»-

Hemos dudado mucho sobre incluir o no el relato de uno de estos vídeos. Al inicio de cualquiera de ellos se avisa que pueden herir la sensibilidad de cada persona. Pero es que se trata de eso, precisamente de eso. Porque estos vídeos son los que, en pocos minutos (si podéis resistirlos), describen la situación, y la necesidad urgente de cambiar, mejor que ninguna otra cosa.

En el matadero

A primera vista no es fácil de ver la cantidad y calidad de la explotación animal por parte de los humanos. Suele darse mar adentro, o detrás de altos muros. De esta forma, los consumidores no «pierden el apetito».

De vez en cuando vemos informaciones en televisión y películas sobre las condiciones reales en las fábricas de animales, en los mataderos, durante el transporte de animales, etc., que rápidamente son rechazados y condenados por la industria ganadera y los políticos con fórmulas estandarizadas para engañar y así tranquilizar a los consumidores («lo que vemos es una excepción»; «eso era antes, ahora los sacrificamos (matamos) sin que sientan nada»; «esta filmación es falsa, se ha manipulado», etc.).

Pero si profundizamos en el tema como ciudadanos imparciales, nos daremos cuenta rápidamente de cuál es la realidad de la situación de los animales. Lo mejor es informarse lo más directamente posible en el lugar de los hechos y a través de algunas películas. Los textos que leeréis sólo pueden ofrecer una visión casi inofensiva del verdadero sufrimiento de los animales.

El informe Haupt.
Una veterinaria en la industria de los «bocaditos de carne»

El informe de la veterinaria Christiane Haupt sobre sus vivencias en la industria animal, donde realizó sus prácticas obligatorias de estudiante, nos permiten hacernos una idea bastante clara. Hemos eliminado los pasajes

más siniestros. Encontraréis el relato más extenso en el booklet de www.provegan.info (ofrecen información en bastantes idiomas):

El lugar

En el letrero sobre la rampa de hormigón dice: «Sólo se aceptan animales que hayan sido transportados de acuerdo a la normativa de protección de animales e identificados reglamentariamente». Al final de la rampa hay un cerdo tieso y pálido, muerto. «Sí, algunos mueren durante el transporte. Colapso circulatorio».

Suerte que me he traído la chaqueta vieja, aunque estamos a principios de octubre hace un frío que pela, pero no tiemblo sólo por eso. Meto las manos en los bolsillos, me obligo a poner cara amable y a escuchar al director del matadero. Me está explicando que hace ya tiempo que no se les hacen más pruebas de salud a los animales, sólo una inspección. 700 cerdos al día, sería imposible.

«De todas formas, no están enfermos. Esos los mandaríamos enseguida de vuelta, y al distribuidor le costaría una buena multa. Eso lo hacen una vez y nunca más». Yo asiento con la cabeza por compromiso –aguantar, sólo aguantar, tienes que conseguir superar estos seis meses–, ¿qué pasa con los cerdos enfermos? «Para ellos hay un matadero especial». (…)

Los gritos es lo primero que oigo aquella mañana cuando llego para enfrentarme con estas prácticas obligatorias, cuyo rechazo hubiera significado perder cinco años de carrera. Todo en mí –cada fibra, cada pensamiento– es rechazo, repugnancia y horror y la conciencia de una impotencia insuperable. Tener que mirar, no poder hacer nada, y te obligan a participar, a ponerte chorreando de sangre.

Ya desde lejos, cuando bajo del autobús, me alcanzan los chillidos de los cerdos como puñaladas. Seis meses van a retumbarme en los oídos, hora tras hora, sin pausa. Tengo que aguantar. Para ti llegará un momento en que acabe, para los animales, nunca. (…)

Todo está alicatado de blanco. No se ve ni un alma. Un pasillo blanco – los vestuarios de mujeres. Son casi las siete, me cambio de ropa: blanco, blanco, blanco. El casco prestado baila grotescamente sobre mis pelos lacios. Las botas son demasiado grandes. Vuelvo al pasillo arrastrando los pies, casi choco con el veterinario de turno. Saludos de cortesía. «Soy la nueva becaria»

El director es un señor jovial que me habla de los viejos tiempos, cuando el matadero aún no estaba privatizado.

Llego a la rampa. A mano derecha cuadrados de hormigón pelado rodeados de barras de acero heladas. Algunos están ya llenos de cerdos. «Aquí empezamos a las cinco de la mañana». Empujones, disputas por aquí y por allí, algunos hocicos curiosos asoman de las jaulas, ojos pícaros, otros inquietos y confusos.

Una gran cerda se abalanza obstinada contra otra; el director agarra un palo y le pega varias veces en la cabeza. «Si no, se muerden a lo bestia». Abajo el camión ha abierto la puerta de madera, los cerdos de delante retroceden asustados ante el puente tambaleante y empinado, pero desde atrás están empujando porque un controlador se ha subido al camión y reparte fuertes latigazos con una manguera de goma. Más tarde no me sorprendo de las numerosas marcas rojas en los cerdos abiertos en canal.

«Ya se ha prohibido el palo eléctrico para los cerdos», me informa el director.

Algunos animales arriesgan sus primeros pasos tropezando e inseguros, los otros les siguen, uno se resbala y mete la pata entre la puerta y la rampa, se levanta y sigue cojeando. Abajo se vuelven a reunir entre barras de acero, que les llevan inevitablemente a un corredor aún vacío.

Cada vez que llegan a una esquina se amontonan los cerdos que van delante, se produce un atasco y el controlador maldice furioso y aporrea a los de detrás, que intentan saltar, en pánico, sobre sus compañeros de desgracias. (…)

De por qué en este caso todo se desarrolla mucho más rápido y a la vez con muchos más chillidos me doy cuenta cuando aparece un segundo hombre en la zona de carga por detrás de los cerdos, que se levantan a trompicones, pues lo que no va lo suficientemente rápido se soluciona con electroshocks.

Miro fijamente al hombre, luego al director, que sacude de nuevo la cabeza: «¡Oiga, ya sabe que eso está prohibido para los cerdos!». El hombre mira incrédulo y se mete el aparato en el bolsillo. (…)

Un cerdo te mira

Algo me empuja por detrás, a la altura de las rodillas. Me doy la vuelta y miro sus dos ojos despiertos, azules. Conozco a muchos amigos de los animales entusiasmados con los ojos tan llenos de vida de los gatos, la mirada tan fiel de los perros. Pero ¿quién habla de la inteligencia y la curiosidad en los ojos de un cerdo?

Pronto voy a conocer estos ojos de otra manera: gritando mudos de miedo, apáticos por el dolor y luego sin vista, rotos, sacados de sus órbitas, rodando por el suelo cubierto de

sangre. Me asalta un pensamiento penetrante que en las semanas siguientes repetiré cientos de veces: comer carne es un crimen, un crimen… (…)

En una hilera interminable pasan cerdos abiertos en canal colgando en cadenas, lívidos y ensangrentados. Allí hay dos empleados desayunando sin prestarles atención. Bocadillos de mortadela. Sus batas blancas están manchadas de sangre, de la suela de una bota de goma cuelga un jirón de carne.

El ruido inhumano, que poco después va a ensordecerme cuando me llevan a la nave de matanza, está aquí amortiguado. Retrocedo porque un cerdo abierto en canal pasa a toda velocidad cerca de la esquina estampándose contra el siguiente. Me ha tocado, caliente y flácido. No puede ser verdad –esto es absurdo–, imposible.

Todo se me desmorona. Chillidos agudos. El chirrido de las máquinas. El golpeteo metálico. El hedor penetrante a pelos quemados y piel chamuscada. El vapor de la sangre y el agua caliente. Risas, llamadas despreocupadas. Cuchillos brillantes, ganchos atravesando tendones, de ellos cuelgan mitades de animales sin ojos y con músculos que se contraen. Pedazos de carne y órganos que caen chapoteando en un canalón lleno de sangre, de tal modo que el repugnante caldo me salpica. (…)

El director me enseña rápidamente la nave de matanza de las vacas, que hoy está vacía («a las vacas les toca los martes»). A la mañana siguiente me convierto en parte de la enorme maquinaria de despiece. Una rápida instrucción «Aquí tiene que quitar el resto del aro de la faringe y cortar los ganglios linfáticos mandibulares. A veces cuelga aún una uña en la pezuña, eso también hay que quitarlo» y me pongo a cortar, hay que ir rápido, la cinta transportadora sigue corriendo y corriendo.

Por encima de mí despedazan a otros cadáveres. Si el compañero trabaja con mucho ímpetu o en el canalón delante de mí se acumula demasiado líquido sangriento, la papilla me salpica hasta la cara. Intento ir a otro lado para evitarlo, pero allí están despedazando cerdos con una enorme sierra que escupe agua; es imposible estar aquí sin empaparse hasta los huesos.

Aprieto los dientes y sigo cortando en pedazos, todavía tengo que darme demasiada prisa como para poder pensar en todo este horror, además tengo que poner muchísimo cuidado de no cortarme un dedo. Al día siguiente cojo prestados unos guantes de trabajo de una compañera de estudios que ya ha superado todo esto. Y dejo de contar los cerdos que pasan chorreando por mi lado. También dejo pronto de usar guantes de goma. Es realmente espantoso revolver en los cadáveres calientes con las manos desnudas, pero como al final acabas pringada hasta los hombros, la mezcla pegajosa de líquidos corporales se te mete en los guantes, así que se los puede ahorrar una. ¿Para qué hacen películas de terror si ya existe esto?

Los que hacen el pedido

Salvo algunas excepciones, no considero que la gente que trabaja aquí sean monstruos, solamente se han embrutecido, como me pasaría a mí con el tiempo. No, los auténticos monstruos son todos los demás que encargan a diario este asesinato en masa, que con su ansia por comer carne obligan a los animales a una existencia miserable y a un final aún más miserable – y a otras personas a un trabajo humillante y embrutecedor.

Poco a poco me voy convirtiendo en una pequeña ruedecita de este monstruoso mecanismo de la muerte. Llega un momento en el que, en el transcurso de las interminables horas, los movimientos monótonos se hacen mecánicos y agotadores. (…) Cuando me doy cuenta conscientemente por primera vez –el segundo o tercer día– de que los cerdos desangrados, quemados y aserrados todavía se contraen y menean la colita, me quedo petrificada. «Oiga, todavía se mueven…», le digo a un veterinario que pasa por allí, aunque ya sé que se trata sólo de contracciones nerviosas.

Él sonríe irónicamente: «Maldición, alguien ha vuelto a cometer un error ¡no está completamente muerto!». Un pulso fantasmal hace temblar a los cerdos abiertos en canal, por todas partes. Un gabinete del horror. Me quedo helada hasta la médula. (…)

Quisiera hablar del cerdo que no podía seguir andando y estaba ahí tirado con las patas abiertas, y le dieron patadas y golpes hasta que lo metieron a palos en la celda de matanza. Más tarde lo examiné cuando pasó colgando a mi lado troceado: a ambos lados de los muslos tenía desgarres musculares. Era el número 530 de las matanzas de aquel día.

Una vaca me mira

Quisiera hablar de los días en que sacrificaban a las vacas, de los mansos ojos castaños tan llenos de miedo. De los intentos de huida, de todos los golpes y maldiciones hasta que el pobre animal estaba preparado para recibir la descarga eléctrica en las jaulas de hierro con vista panorámica a la nave donde sus congéneres estaban siendo despellejados y descuartizados, – y entonces la descarga mortal, a continuación, la cadena en la pata trasera, levantando al animal que cocea y se retuerce, mientras que en la parte de abajo ya le están separando la cabeza del cuerpo.

Lanzando chorros de sangre y sin cabeza, el cuerpo sigue encabritándose, las piernas se retuercen… Hablar sobre el ruido espantoso que hace la piel al ser arrancada del cuerpo, sobre los movimientos automáticos de los dedos del desollador al sacar los ojos de las órbitas –los ojos torcidos, rojos,

saltados– y los arroja a un agujero que hay en el suelo, por el que desaparecen los deshechos.

Hablar de la rampa de aluminio a la que van a parar todas las vísceras que son arrancadas de los enormes cadáveres decapitados y que –exceptuando el hígado, el corazón los pulmones y la lengua, aptos para el consumo– desaparecen por una especie de tragadero de basura.

Quisiera contar que una y otra vez se podía encontrar un útero preñado en esta montaña sangrienta y pegajosa; que he encontrado pequeños fetos de todos los tamaños con aspecto de terneritos completos, delicados y desnudos y con los ojos cerrados, en su protectora bolsa amniótica que no pudo protegerlos – el más pequeño era tan diminuto como un gatito recién nacido y sin embargo realmente era una vaca en miniatura; el mayor con un vello suave, marrón y blanco, y con largas y sedosas pestañas, pocos días antes de su nacimiento.

«¿No es un milagro lo que crea la naturaleza?» dice el veterinario que está de guardia este día, y arroja el útero, incluido el feto, en el borboteante tragadero de basura. Y yo sé con seguridad que no puede existir dios, porque no cae ningún rayo del cielo para vengar este sacrilegio que sigue repitiéndose interminablemente.

Tampoco hay un dios para la pobre vaca flaca que se estremece compulsivamente tirada en el pasillo helado y expuesto a las corrientes de aire delante de la celda de matanza, cuando llego a las siete de la mañana, ni nadie que se compadezca de ella dándole un rápido tiro.

Cuando me voy por la tarde sigue allí tirada y se estremece: nadie la ha librado de su sufrimiento a pesar de las repetidas órdenes. Yo he aflojado el cabestro –clavado sin piedad en su carne– y le he acariciado la frente. Ella me mira con sus enormes ojos, y yo siento que las vacas pueden llorar. La culpa de tener que mirar un crimen sin poder hacer nada me pesa tanto como cometerlo (...)

Nos detendremos aquí. En el relato de esta veterinaria se describen muchas otras grandes atrocidades, cuya lectura nos ahorraremos esta vez. La idea es refrescar lo que sucede cada día en estos lugares y animar todas las propuestas de cambio. En el caso de que alguien todavía siga animado a comer carne o similares, se abren paso, como hemos visto brevísimamente, las informaciones sobre sus negativos efectos en la salud.

Una alimentación sana. Economía y ecología

El clima y el medio ambiente

Si en aquel entonces Einstein hubiese tenido a su alcance los descubrimientos científicos actuales, hablaría sin duda de «una alimentación vegana». Ahora bien, también dijo: «Hay dos cosas infinitas: el universo y la estupidez humana. Pero respecto al universo no estoy completamente seguro». Precisamente por eso la supervivencia en el planeta se encuentra en peligro.

Se dice poco que la industria ganadera y su producción de carne, leche y huevos, es el principal causante del calentamiento global y del cambio climático, por la emisión de gases de efecto invernadero como el metano y el CO_2, incluso por delante del tráfico motorizado (camiones, automóviles, barcos, aviones y trenes) y toda la industria.

Las selvas tropicales, tan importantes para el clima mundial, son taladas para crear pastos para los «animales útiles» y el cultivo de plantas forrajeras. El «pulmón verde» de la madre Tierra se destruye a ritmo vertiginoso.

«Nada será más beneficioso para la salud del hombre y aumentará más las probabilidades de supervivencia en la tierra que la evolución a una alimentación vegetariana».
Albert Einstein

Incluso la Oficina Federal del Medio Ambiente alemana ha hecho un llamamiento a los consumidores por un comportamiento consciente respecto al clima y para la reducción del consumo de carne: «deberíamos reconsiderar nuestro elevado consumo de carne», afirma su presidente, el Dr. Andreas Troge. «No sólo sería beneficioso para la salud, sino también para el clima. Y apenas supone una renuncia respecto a la calidad de vida».

Emisiones de efecto invernadero

El responsable del Panel de la ONU sobre el cambio climático (IPCC), y premio Nobel de la Paz, Rajendra Pachauri, exhorta a comer menos carne, ya que su consumo es una costumbre muy perjudicial para el clima. Las investigaciones han demostrado que la producción de un solo kilo de carne produce emisiones del orden de los 36,4 kg de CO_2.

«El coste humano, económico y ecológico del cambio climático, pronto será insoportable». Ban Ki Moon, Secretario General de Naciones Unidas (Cumbre Climática de la ONU de 2014).

El prestigioso World Watch Institute publicó (2009) un estudio sobre el impacto de la cría de animales y el consumo de productos animales en el cambio climático. Según este estudio, el consumo de carne, leche y huevos es responsable de al menos el 51% de las emisiones mundiales de gas de efecto invernadero emitidas por el ser humano.

Lo increíble de esta situación no es solamente el enorme impacto que tiene la cría de animales sobre el cambio climático, sino que se da la extraña circunstancia de que la causa principal, irrebatible, del cambio climático, es decir el consumo de productos de origen animal, se silencia en casi todas las declaraciones, discursos, artículos de prensa y debates televisivos, tanto por científicos, políticos, expertos en clima como por periodistas.

En mares y océanos

Cada vez más se están vaciando los mares de todo el mundo, de forma que también aquí nos enfrentamos a una catástrofe ecológica. Muchas especies marinas están a punto de desaparecer. Aproximadamente un 40% de la pesca mundial se destina a forraje para los «animales útiles». Hasta un 80% es captura accidental. En todo el mundo se devuelven al mar 39 millones de toneladas de animales muertos o heridos, considerados captura accidental, entre ellos 300.000 ballenas y delfines, aves marítimas, tiburones, 650.000 focas y 250.000 tortugas de mar.

Por otra parte, se está abusando de los océanos de una forma tan desmesurada (al usarlos como vertederos para productos químicos y plásticos) que una gran parte de los peces están gravemente contaminados con sustancias tóxicas, de forma que su consumo supone un serio riesgo para la salud humana.

Como consumidores, cada uno de nosotros decide cada día ante el mostrador de la tienda, si queremos participar en el holocausto animal, la destrucción del medio ambiente, y de nuestra salud al consumir productos de origen animal.

Al comprar carne y productos de los animales, todos somos cómplices de esta indignidad. Seguir el estilo de vida vegano es muy sencillo. Se trata sólo de modificar ciertos hábitos. Es la mejor forma de ayudar de forma pacífica a detener el cambio climático, cuidar del medio ambiente, de los animales, de los seres humanos hambrientos y de la propia salud.

Sandwich de queso de soja

Por persona

INGREDIENTES:

1 panecillo semi integral

50 g de queso de soja
(en dietéticas)

1 rabanito

brotes germinados
de mostaza

aceite de oliva virgen
extra, sal y pimienta

> **Partir el panecillo** y calentar un poco sobre una sartén.

> **Rellenar** con el queso de soja.

> **Lavar y cortar el rábano** en finas rodajas y repartir sobre el queso.

> **Añadir unos brotes de mostaza,** salpimentar y regar con un hilo de aceite de oliva.

Yogur de soja con granola y frutas

> En 4 vasos poner 2 cucharadas de yogur de soja en cada una.

> Poner 2 cucharadas de las frutas picadas.

> Seguir con otras 2 cucharadas de yogur de soja

> Luego 2 cucharadas de granola.

> Terminar con el resto del yogur y poner unas gotas de sirope encima.

Para 4 personas

INGREDIENTES:

2 yogures naturales de soja

2 kiwis

2 mandarinas

2 tazas de granola

4 cucharadas de sirope de ágave o de arce

Los crumble
se pueden hacer
con muchas
otras frutas

Crumble de manzana y moras

> Lavar y cortar las manzanas en rodajas muy finas. Colocarlas en un molde para horno untado de mantequilla y repartir encima dos cucharaditas de canela.

> Mezclar la harina con el azúcar y la mantequilla a temperatura ambiente. Amasar con las manos hasta que haya formado una arenilla.

> Esparcir la masa por encima de las manzanas y hornear unos 30 minutos, hasta que la cubierta quede bien dorada.

> Mientras, poner las moras en una sartén con azúcar y cocerlas a fuego vivo hasta que formen una mermelada.

> En copas individuales, repartir una base de mermelada de moras y, encima, poner el crumble de manzanas. Servir tibio.

Para 4 raciones

INGREDIENTES:

1 kg de manzanas verdes

2 cucharaditas de canela en polvo

250 g de harina de espelta bio

150 g de margarina bio no hidrogenada

150 g de azúcar integral de caña

1 cucharadita de vainilla en polvo

100 g de moras

Notas del chef. El origen de esta receta es relativamente reciente, de la época de racionamientos que hubo en la Segunda Guerra Mundial. Cada familia recibía sólo lo justo de mantequilla y el que pillaba huevos era casi un lord, así que, para disponer de un pastel para la hora del té, inventaron el crumble, que significa desmoronado.

Tostadas con mango, kiwi y sirope de ágave

Para 2 personas

INGREDIENTES:
4 rebanadas de pan
2 kiwis
1 mango
sirope de ágave

> **Pelar los kiwis y el mango** y picar en dados.

> **Tostar** las rebanadas de pan.

> **Acompañar las tostadas** con los dados de fruta y rociar con el sirope de ágave al gusto.

Crostini con tomate

> **Tostar** el pan.

> **Cortar a trozos pequeños** los tomates y un poco de ajo. Aliñarlo con sal y aceite y ponerlo por encima del pan.

> **Servirlo** con una pizca de orégano (o albahaca) por encima.

INGREDIENTES:

pan de payés (preferiblemente integral de espelta)

tomates al gusto

1 ajo y 1 cebolla, picados

aceite de oliva virgen extra

orégano o albahaca

Bocadillo con aguacate

INGREDIENTES:

pan integral

tomate

lechuga

aguacate

aceite de oliva virgen extra, ajo y sal

> **Se tuesta un poco el pan** para que esté ligeramente crujiente.

> **Se frota un diente de ajo,** se echa un chorrito de aceite y se añade tomate, lechuga, cebolla y aguacate a trozos. Salar al gusto. Ideal para un día de picnic.

Bocadillo con hamburguesa vegana

INGREDIENTES:

pan de molde integral con cereales

tomate maduro y tomate de ensalada

lechuga

aceite de oliva virgen extra y sal de hierbas

> **Partimos un tomate maduro** por la mitad y se unta el pan con el tomate, se le echa un buen chorrito de aceite de oliva y un poco de sal de hierbas.

> **Después ponemos la lechuga** limpia y escurrida y rodajas de tomate (de ensalada, un poco más verde) y las hamburguesas de seitán o bien de tofu (ya preparadas).

Notas del chef. Las hamburguesas pueden sustituirse por libritos de seitán, o bien por seitán empanado. El seitán es la proteína del trigo; es muy fácil de encontrar, en dietéticas de producto fresco, junto con las hamburguesas de tofu y hortalizas. Podéis encontrar decenas de variedades diferentes.

Bocadillo vegano con germinados

> **Son dos rebanadas de pan de centeno,** untadas con tomate y aceite (a veces ponemos el tomate a rodajas), y añadimos, a cada rebanada, los brotes de alfalfa.

> **Se ponen encima unas pasas de corinto** sin hueso y finalmente, para culminar las rebanadas, una rodajita de seitán, con unas gotitas de salsa de soja. Y a media mañana, una manzana.

INGREDIENTES:

pan integral de centeno

tomate natural

brotes germinados de alfalfa

pasas sultanas sin pepitas

una rodajita de seitán

Bocadillo de tomate y tahini

> **Se tuestan ligeramente las rebanadas** y se unta el tahini en las dos partes al gusto, (si no se ha probado nunca es mejor empezar con poca cantidad. También se puede mezclar con un poco de aceite de oliva virgen, que suavizará un poco el sabor.

> **Se colocan el tomate y el pepino** a rodajas y se espolvorea con un poco de sal y orégano.

INGREDIENTES:

unas rebanadas de pan de molde integral

tomates maduros

pepino

tahini (paté de sésamo con sal marina; en dietéticas)

orégano, sal y aceite de oliva virgen extra

Cuidado con el pan de molde porque la mayoría de las marcas utilizan en su fabricación suero o sólidos lácteos. Leer bien las etiquetas.

Pita caliente con pimientos, calabacín y cebolla

INGREDIENTES:

pan integral de pita

pimiento rojo, pimiento verde

cebolla

calabacín

seitán

tomate natural

aceite de oliva virgen, sal y hierbas al gusto

> **En una sartén pon un poquito de aceite** de oliva. Cuando esté caliente sofríe unas tiritas de pimiento rojo, unas de pimiento verde, aros finos de cebolla, calabacín en rodajas finas y tiritas de seitán.

> **Cuando esté a medio hacer,** añade un tomate en dados, hierbas aromáticas al gusto y sal de hierbas; rehoga lentamente hasta que esté hecho. Deja enfriar un poco y rellena la pita.

Bocadillo de calabacín y cebolla

INGREDIENTES:

bollito de pan integral fresco

aceite de oliva virgen extra

calabacín

cebolla

harina integral de trigo

lechuga

salsa de soja (tamari)

> **Lava, seca y corta el calabacín** en rodajas de aproximadamente medio cm. Enharina las rodajas y fríelas hasta que estén doraditas. Fríe también la cebolla cortada en aritos.

> **Abre el bollito de pan por la mitad,** unta el pan con la salsa de soja, coloca los aritos de cebolla, la lechuga y las rodajas de calabacín.

Bocadillo de pasta de garbanzos y zanahoria

> Mezcla los garbanzos cocidos y machacados, un poco de cebolla picadita, las pipas de girasol, el aceite de oliva, un chorrito de salsa de soja, y unta esta pasta sobre el bollito de pan cortado por la mitad.

> Coloca las hojitas de berro y tomate cortado en rodajas y zanahoria rallada sobre la pasta anterior.

> Añade el seitán cortado en láminas finas y las aceitunas deshuesadas.

INGREDIENTES:

bollito de pan integral multicereales

garbanzos cocidos

aceite de oliva virgen extra

cebolla

tamari (en dietéticas)

pipas de girasol

zanahoria

tomate, berros, seitán, aceitunas negras

Chapata vegana con hortalizas variadas

> **En un pan de chapata tierno,** se extienden, alternadas a lo ancho del panecillo, tiras de pimiento rojo y de berenjena escaldados al horno y regados con aceite.

> **Podéis añadir** con prudencia unos granos de pimienta.

INGREDIENTES:

pan integral tipo chapata

pimiento rojo

berenjena (o bien cebolla o calabacín; elige dos)

aceite de oliva virgen extra

pimienta negra

Súper gachas saludables

Para 4 personas.

Tiempo de preparación:
15-20 minutos

INGREDIENTES:

100 g de copos de avena

30 g de harina de maca

1 litro de leche de soja
(o de avena)

sirope de ágave o
endulzante al gusto.

4 cucharadas de canela
molida

> **Se pone a hervir la leche de soja** con el azúcar integral y la ramita de canela.

> **Cuando comience a hervir** le agregamos los copos de avena y la harina de maca (raíz rallada, en polvo) y removemos un poco mientras se va cocinando, hasta que espese y se ponga cremosa (unos 15 minutos).

> **Cuando se ha formado el puré** ya se puede comer, espolvoreando por encima un poco de canela en polvo.

Receta básica de «porridge»

Notas del chef. El porridge tradicional se elabora con medio litro de agua y medio litro de leche. Aquí sustituimos la leche por 1 litro de bebida de soja. Si se hace para una o dos personas, veréis que las cantidades son muy fáciles de adaptar.

Muesli del estudiante

- Selección de cereales: base de copos de avena, con copos de mijo y copos tostados de cebada, de trigo (o espelta), de centeno y de arroz

- Selección de frutos secos y semillas: pasas, avellanas (crudas o tostadas), manzana deshidratada, sésamo tostado y pipas de girasol.

La proporción es de 7 cucharadas de la selección de cereales y 3 de la selección de frutos secos y semillas

Receta vegana del muesli Bircher

> **Se lavan bien las manzanas** y se secan con un paño limpio. Se les quita el rabo y el corazón y se rallan directamente sobre el tazón en donde vayamos a tomar el muesli.

> **Se mezclan bien** todos los ingredientes.

> **Para acabar** se esparce por encima 1 cucharada de almendras, nueces o avellanas desmenuzadas.

Por persona

INGREDIENTES:

1 cucharada de copos de avena, de trigo o de cereales (trigo) medio molidos y puestos en remojo la noche anterior con:

3 cucharadas de agua fría o zumo de frutas

A la mañana siguiente se añade 1 cucharada de zumo de limón (si la noche anterior no se utilizó zumo de naranja)

3 cucharadas de yogur de leche soja

1 cucharadita de sirope de ágave

200 g de manzanas (una pequeña o media grande)

Ensalada de verduras y quinoa

Para 2 personas

INGREDIENTES:

un puñado de quinoa
100 g de remolacha
50 g de canónigos
2 cuch. de maíz dulce
6 tomates cherry
1 zanahoria
aceite de oliva virgen
extra, sal y pimienta

> **Lavar bien la quinoa.** A continuación, la ponerla a cocer, siguiendo las instrucciones del fabricante. Retirar de la cazuela, y dejar enfriar la quinoa.

> **Picar los tomates cherry,** la zanahoria y la remolacha.

> **Poner junto al resto de ingredientes** en un bol. Salpimentar al gusto y echar un poco de aceite de aceite de oliva.

Ensalada de col rizada, almendra, arándano y quinoa

> **Poner en una olla pequeña** con tapa la media taza de quinoa con el agua. Dejar cocinar por 10 minutos hasta que toda el agua se haya secado

> **Picar el pimiento y la col rizada** (quitar el tallo por completo, ya que este contiene un sabor agrio).

> **Poner la quinoa ya cocida** en un recipiente hondo y agregar y mezclar el pimiento y la col rizada. Agregar la almendra picada y los arándanos.

> **Para el aderezo** mezclar el zumo de limón con 1 cucharadita de mostaza, 1 cucharadita de miel y 4 cucharadas de aceite de oliva. Aderezar en la ensalada.

Para 2 personas

INGREDIENTES:

½ taza de quinoa

1 taza agua

½ taza de pimiento rojo picado

½ col rizada

2 cucharadas de almendras picadas

2 cucharadas de arándanos

Para el aderezo:

¼ de taza jugo de limón

1 cucharadita de mostaza

1 cucharadita de miel

4 cucharadas de aceite de oliva

Ensalada de garbanzos

Para 2 personas

> Picar la cebolla, la zanahoria y el pimiento. Juntar todos los ingredientes en una fuente.

> **Para el aliño** poner en un bol todos los ingredientes y emulsionar con un tenedor. Si la consistencia es muy densa, añadir más agua. Si la consistencia es líquida, añadir más tahini.

> **Regar la ensalada** con el aliño.

INGREDIENTES:

100 g de brotes de ajo chino

1 cebolla morada

100 g de brócoli cocido

100 g de garbanzos cocidos

1 zanahoria

1 pimiento rojo

Para el aliño:

4 cucharadas de tahini

el zumo de medio limón

½ de ajo

4 cucharadas de líquido de los garbanzos o agua mineral

1 cucharada de aceite de oliva virgen extra

sal y pimienta

Paté de maíz

> **Mezclar todos los ingredientes** en un vaso con el caldo caliente hasta obtener la consistencia deseada. Servir con cruditas.

INGREDIENTES:

200 g de maíz dulce de bote

100 ml de puré de almendras

1 cucharadita de pasta de umeboshi

un poco de agua o caldo vegetal caliente

Notas del chef. Es un buen sustituto de la mantequilla. El maíz es relajante y ligeramente laxante.

Hummus

Para 2 personas

INGREDIENTES:

500 gr de garbanzos cocidos

1 cda de aceite de sésamo

2 dientes de ajo

1 cda de zumo de limón

½ cdta de comino

1 pellizco de pimentón dulce

1 pizca de sal

> **En el vaso de la batidora** poner los garbanzos junto con los dientes de ajo pelados, la sal y el comino. Batir con la batidora.

> **Añadir el zumo de limón** y el aceite de sésamo. Triturar con la batidora hasta obtener una mezcla que se parece a un puré de consistencia cremosa.

> **Servir** espolvoreando un poco de pimentón y un chorrito de aceite de sésamo.

Ensalada de trigo con zanahoria y pasas

> Lavar, pelar y picar las zanahorias.

> Poner en un bol los germinados de trigo junto con las pasas de corinto y las zanahorias picadas. Reservar.

> Para la vinagreta, mezclar en un bol todos los ingredientes con unas varillas. Rectificar de sal y pimienta si fuera necesario.

> Añadir la vinagreta al bol de la ensalada y remover.

Para 2 personas

INGREDIENTES:

200 g de germinados de trigo

2 zanahorias

2 cucharadas de pasas de corinto

Para la vinagreta:

125 ml de aceite de oliva

3 cucharadas de jugo de limón

3 cucharadas de vinagre de vino tinto

2 dientes de ajo prensados

1 cucharadita generosa de orégano seco

½ cucharadita de azúcar

una pizca de sal gruesa

pimienta negra. {al gusto

Para 2 personas

INGREDIENTES:

2 tazas de judías negras
puestas en remojo la
noche anterior

1 pimiento rojo pequeño

1 lata de maíz dulce

1 aguacate

2 tomates

1 cebolla roja

2 cucharadas de zumo
de limón o lima

aceite de oliva virgen
extra, sal y pimienta

cilantro

Ensalada mejicana de judías negras

> **Cocer las judías negras** hasta que se pongan
> blandas aproximadamente 40 minutos, escurrir
> y dejar enfriar.

> **Cortar toda la verdura** en dados pequeños y
> mezclar todo en un bol.

> **Salpimentar** y aderezar con el aceite de oliva y
> zumo de lima o limón.

Ensalada de quinoa con curry

> **Colocar la quinoa** en un colador y enjuagar un poco bajo el grifo. Poner agua a hervir, con un pellizco de sal, e incorporar la quinoa. Dejar entre 12 y 15 minutos. Escurrir bajo el grifo y reservar.

> **Picar la cebolla y el ajo** y sofreír con aceite de oliva en una sartén. Cuando empiece a estar transparente la cebolla, incorporar la zanahoria, picada en brunoise, y varias ramitas de brócoli. Cocinar 10 minutos.

> **Incorporar la quinoa.** Añadir un poco de pimienta negra recién molida y el curry. Remover.

> **Servir** con unas rodajas de aguacate y unos anacardos.

Para 2 personas

INGREDIENTES:

1 y ½ tazas de quinoa

½ cebolla mediana y 1 diente de ajo

1 zanahoria más bien grande

varias ramitas de brócoli y de coliflor

1 aguacate

anacardos al gusto

2 ó 3 cucharaditas de curry

aceite de oliva virgen extra

sal y pimienta

Ensalada variada de trigo sarraceno a la albahaca

Para 4 personas

INGREDIENTES:

125 g de judías verdes frescas

200 g de trigo sarraceno en grano

150 g de coles de Bruselas, pre cocidas

2 hojas de laurel

2 tomates maduros medianos

albahaca fresca

10 g de alcaparras

40 g de aceitunas verdes deshuesadas

1 diente de ajo pequeño

100 g de maíz ya hervido

sal y aceite de oliva virgen extra

> **Mondar las judías** de las puntas y de los hilos, hervidas durante 10-12 minutos en medio litro de agua hirviendo salada; escurrirlas y guardar caliente el agua de cocción.

> **En otra cazuela** tostar 3-4 minutos el trigo sarraceno a fuego medio bajo, remojado con el agua de las judías y llevar el líquido a ebullición.

> **Salar un poco,** incorporar las hojas de laurel y cocer, tapado, durante un cuarto de hora a fuego lento.

> **Apagar el fuego,** dejar reposar sin tapa durante 10 minutos, extender en una fuente y dejar enfriar.

> **Entretanto, pelar y picar el ajo,** lavar los tomates, dividirlos por la mitad para sacarles las pepitas y luego cortarlos a dados; trocear también las judías.

> **Deshojar la albahaca,** lavarla, secarla, desmenuzarla y ponerla en una batidora con las alcaparras, las aceitunas verdes y el ajo pelado y picado.

> **Batir bien fino** con tres cucharadas de aceite hasta conseguir una crema.

> **Mezclar el trigo sarraceno,** el maíz, las judías y los tomates, condimentar con la crema de albahaca, mezclar, ajustar de sal y servir.

Humus delicia

> **Colocar en el vaso de la batidora** trituradora los garbanzos, el aceite de oliva, el jugo de limón, el ajo y el perejil. Procesar hasta formar una pasta lo más lisa posible.

> **Guardar, tapado,** en el frigorífico durante unas 2 horas por lo menos, antes de servir con las tostadas.

Nuestro consejo. Los ingredientes para las picadas y patés de este tipo suelen tener un alto contenido en sodio; esta receta es una buena opción para cuidar la salud sin privaciones. Si se usan garbanzos de lata, ponerlos en un colador y lavarlos con abundante agua fría.

Para 12 tostadas
(4 personas)

INGREDIENTES:

1 taza de garbanzos cocidos

5 cucharadas de aceite de oliva

2 cucharadas de jugo de limón

1 diente pequeño de ajo, picado

2 cucharadas de perejil picado

12 tostadas de pan integral sin sal (pueden ser unas tortitas de trigo o de arroz)

Ensalada de tirabeques y albahaca

Para 4 personas

INGREDIENTES:

300 g de tirabeques

4 manzanas

25 g de piñones

2 ramilletes grandes
de albahaca

2 dientes de ajo

2 cucharadas de vinagre
balsámico

sal y azúcar

6 cucharadas de aceite
de oliva

> **Lave los tirabeques** y escáldelos durante 2 minutos en un poco de agua salada. Limpie las manzanas, lávelas, pélelas y córtelas a rodajas.

> **Tueste los piñones** en una sartén sin aceite hasta que estén dorados. Lave la albahaca, escúrrala y separe las hojas.

> **Para hacer la vinagreta:** pele el ajo y tritúrelo con una prensa. Mezcle el ajo con el vinagre balsámico, sal y una pizca de azúcar. Añada el aceite.

> **Vierta la vinagreta** sobre el resto de ingrediente y reparta la ensalada entre 4 platos. Sírvala con rebanadas de pan.

Ensalada tabuleh de quinoa

> **Rociamos con el limón** la quinoa ya lavada y dejamos unos minutos.

> **Cortamos la cebolla** en trozos pequeños y la dejamos en remojo con 2 cucharadas de vinagre de arroz y medio vaso de agua durante 15 minutos.

> **Lavamos y cortamos el pepino** en dados bien pequeños. Lavamos y abrimos por la mitad los tomates cherry.

> **Picamos fino el perejil o la menta,** añadimos la cebolla escurrida y mezclamos todo con la quinoa.

> **Aliñamos** con el aceite a gusto y rectificamos de vinagre.

Para 2-3 personas

INGREDIENTES:

2 tazas de quinoa ya cocida

1 paquete de tomates cherry

1 cebolla tierna

1 calabacín o 1 pepino

½ pimiento rojo pequeño, troceado

1 trozo de berenjena

1 limón

unas hojas de menta o perejil

aceite de oliva bio

vinagre de arroz

Baba ganoush (paté de berenjena)

Para 4 raciones

INGREDIENTES:

1 berenjena grande

1 cucharadita de sal

3 dientes de ajo

¼ taza de jugo de limón (al gusto)

2 cucharadas de tahini (pasta de sésamo), al gusto

1 cucharada de comino molido, al gusto

> **Precalentar el horno** a 210 °C (o asar la berenjena en una barbacoa).

> **Se asa la berenjena** al horno o sobre una llama abierta antes de pelarla, para eliminar el exceso de agua y que la pulpa quede suave y adquiera un sabor ahumado. Con un tenedor, hacemos múltiples agujeros en la berenjena y la colocamos en un plato para hornear. Se cocina unos 45 minutos, hasta que esté sin agua. Se deja enfriar hasta que podamos quitarle la piel de forma segura.

> **Pelamos la berenjena** y la ponemos en una batidora turmix de las de vaso.

> **Añadimos la sal, el ajo, el jugo de limón y el tahini** y batimos hasta que quede suave.

> **Se sirve** espolvoreando con comino y acompañada de verduras a elegir.

Notas del chef. El Baba Ghanoush se suele comer como un «dip» con pan pita y a veces se añade a otros platos. En algunas partes del mundo es un aperitivo de berenjenas y lo sirven con cebolla finamente cortada en cuadritos, con tomates y otros vegetales. Cambiando los condimentos tendréis muchas variantes de la receta. Algunas incluyen la menta y el perejil. Ésta que presentamos es básica pero sabrosa. Se pueden reducir las cucharadas de tahini de 2 a 1. La cantidad de jugo de limón y el ajo se puede ajustar al gusto personal: ¡podéis poner un poco más!

Ensalada Mar Egeo

> **Se lavan los tomates,** los pepinos y la lechuga (opcional), para cortarlos posteriormente en trozos medianos. Picar un poco la hierbabuena, que usaremos en abundancia.

> **Se fríen porciones de pan árabe** o pita preferentemente.

> **Tras mezclar todas las verduras,** se aliña con un poco de sal, zumo de limón recién exprimido y un buen chorro de aceite de oliva. Luego ponemos el pan frito por encima de la ensalada. ¡Que aproveche!

En 10 minutos

INGREDIENTES:

5 tomates rojos medianos

un buen manojo de hierbabuena (o de algún tipo de menta)

2 pepinos

trozos de pan de pita

lechuga (opcional)

sal y aceite de oliva virgen extra

1 limón

Ensalada de tofu con verduras

Para 2 personas

INGREDIENTES:

200 g de tofu firme

1 pimiento rojo
y 1 pimiento amarillo

1 brócoli mediano

½ cebolla morada
y ½ cebolla blanca

100 g de champiñones

50 g de guisantes
cocidos

1 trocito de jengibre
fresco

1 diente de ajo

½ cucharadita de
comino y ½ de cilantro,
molidos

1 cucharadita de
cúrcuma molida

3 cucharadas de salsa
de soja

2 cucharadas de aceite
de oliva virgen extra

el zumo de 1 lima

pimienta negra

> **Escurrir y secar el tofu** con ayuda de papel de cocina o un paño absorbente. Cortar en cubos no muy gruesos.

> **Engrasar** ligeramente una sartén antiadherente y cocinar el tofu a fuego muy alto hasta que se dore por ambos lados. Retirar y reservar.

> **Picar los pimientos.** Limpiar el brócoli y separar las flores.

> **Picar el jengibre y el diente de ajo.** Mezclar con el comino, el cilantro, la cúrcuma, la salsa de soja, el aceite, el zumo de lima, la pimienta negra y un poco de agua, batir bien. Calentar una sartén antiadherente o wok, añadir las especias y dejar que suelte los aromas.

> **Incorporar los pimientos** y los champiñones y saltear a fuego fuerte para que se impregne bien con las especias.

> **Añadir el brócoli** y cocinar todo junto, removiendo de vez en cuando.

> **Incorporar el tofu** cuando las verduras ya estén en su punto, al dente, cocinando el conjunto un par de minutos más.

Ensalada tibia de patatas y brócoli

> **Dar un hervor a las patatas** en agua con sal durante 5 minutos y añadir el brócoli durante los últimos 3 minutos. Escurrir las patatas y el brócoli.

> **Calentar 2 cucharadas de aceite** en una cazuela. Agregar la cebolla y las patatas solas y sofreír durante 8-10 minutos o hasta que estén doradas. Mientras tanto, asar el beicon a la parrilla hasta que esté crujiente y secarlo con papel de cocina.
> Añadir el brócoli a la cazuela de cebollas y patatas, y calentar. Trasladar las verduras a una fuente.

> **Verter el aceite de oliva restante,** el vinagre y la mostaza en la cazuela donde se ha cocinado la cebolla y remover hasta que se caliente. Rociar las verduras con el aderezo, mezclar un poco y sazonar con pimienta.

Para 4 personas

INGREDIENTES:

700 g de patatas cortadas en trozos grandes

350 g de brócoli cortado en floretes

5 cucharadas de aceite de oliva

1 cebolla pelada y cortada en trozos finos

1 cucharada de vinagre de manzana (de sidra)

1 cucharada de mostaza de grano entero

Sirva este plato acompañado de trozos de baguette calientes.

Ensalada campesina al estilo griego

Para 4 personas

INGREDIENTES:

1 pepino

300 g de tomates

1 pimiento amarillo
y 1 pimiento verde

2 cebollas
y 1 diente de ajo

100 g de aceitunas
negras

4 cucharadas de vinagre

6 cucharadas de aceite
de oliva virgen extra

sal y pimienta

1 cucharada de orégano
fresco picado

300 g de queso vegano
(tipo feta; en dietéticas)

> **Pele el pepino,** pártalo por la mitad a lo largo, despepítelo y córtelo en rodajas. Lave los tomates, retire los pedúnculos y trocee cada tomate en 8 partes. Limpie los pimientos, lávelos, despepítelos y córtelos en tiras. Pele las cebollas y córtelas en aros finos. Mezcle todas las verduras junto con las aceitunas en un cuenco

> **Pele el ajo y macháquelo.** Prepare un aderezo con ajo, vinagre, aceite, sal, pimienta y orégano y espárzalo sobre la ensalada. Corte el queso teta en dados y repártalo por encima de la ensalada.

Ensalada de lentejas con hortalizas

> **Cubra las lentejas con agua** y déjelas en remojo toda la noche. Al día siguiente, escúrralas. Póngalas en una cazuela con el caldo de verduras y cuézalas 45 minutos sin tapar.

> **Limpie los pimientos,** lávelos, despepítelos y córtelos en dados. Lave los tomates, séquelos, quíteles la parte central dura y córtelos en dados. Pele la cebolla y píquela. Lave las hierbas, sacúdalas para secarlas y píquelas.

> **Escurra las lentejas,** páselas por agua fría y déjelas escurrir. En una ensaladera, mézclalas con el pimiento, el tomate y la cebolla.

> **Prepare un aliño** mezclando el aceite con el zumo de limón, sal y pimienta y échelo sobre la ensalada. Remuévala bien y déjela reposar unos 30 minutos.

Para 4 personas

INGREDIENTES:

250 g de lentejas secas

750 ml de caldo de verduras

1 pimiento rojo y 1 verde

2 tomates, 1 cebolla

1 manojo de hierbas de Provenza, picadas

6 cucharadas de aceite de oliva

100 ml de zumo de limón

sal y pimienta

Arroz con verduritas

Raciones: 4

INGREDIENTES:

300 g de arroz

1 litro de caldo de verduras

1 cebolla

1 pimiento verde y 1 pimiento rojo

1 zanahoria, 1 calabacín pequeño y ½ berenjena

100 g de brócoli

1 diente de ajo

150 ml de salsa de tomate

aceite de oliva virgen extra

sal y pimienta

> **Pelar y picar la cebolla y el diente de ajo.** Reservar. Limpiar el resto de las verduras y cortarlas en daditos sin mezclarlas.

> **Colocar una cazuela al fuego** con aceite de oliva. Cuando esté caliente añadir la cebolla y rehogarla sin que llegue a dorarse. Añadir el pimiento rojo, el verde, la zanahoria y el brócoli.

> **Cocerlo todo junto** unos minutos y cuando el sofrito esté casi listo, añadir la berenjena, el calabacín y el diente de ajo. Rehogarlo todo junto, mezclando suavemente con una cuchara de madera. A continuación, verter la salsa de tomate.

> **Mientras se termina de hacer el sofrito,** cocer el arroz durante 15-18 minutos en el caldo de verduras. Escurrirlo y añadirlo a la sartén de las verduras. Saltearlo unos segundos y servir caliente.

Cuscús vegetal

> Lavar la coliflor y pelar las zanahorias.

> En un robot de cocina, picar la coliflor hasta que tenga consistencia de cuscús. Reservar en una ensaladera.

> Picar las zanahorias.

> Mezclar con la coliflor, el zumo de limón y las especias al gusto. Por último, poner el perejil y un chorrito de aceite.

Para 2 personas

INGREDIENTES:

250 g de coliflor (sólo el arbolito, sin troncos)

1 limón

3 cucharaditas de sésamo

3 zanahorias

comino en polvo

cúrcuma, sal y pimienta negra recién molida

aceite de oliva virgen extra

unas ramitas de perejil fresco muy picadas

Arroz basmati de verano

Para 4 personas

INGREDIENTES:

200 g de arroz basmati

2 pimientos rojos
y 2 calabacines

2 cucharadas de semillas
de sésamo

1 cucharadita de perejil
picado

2 dientes de ajo

½ cucharadita de
orégano seco

4 hojas de laurel

1 sobrecito de azafrán

unas hojas de albahaca
fresca

sal y aceite de oliva
virgen extra

> **Lavar los pimientos** y ponerlos en el horno caliente a 190 °C durante 20-25 minutos, girándolos a menudo. En el mismo horno tostar durante 5 minutos las semillas de sésamo.

> **Lavar los calabacines y cortarlos a dados.** Picar el ajo, dorarlo con 2-3 cucharadas de aceite, incorporar los calabacines y el orégano, salar, tapar y cocer a fuego lento durante un cuarto de hora aproximadamente.

> **Pelar los pimientos** y quitarles las semillas, cortarlos a cuadraditos y aliñarlos con una pizca de sal, un poco de aceite y el perejil.

> **Llevar a ebullición** unos 2 litros de agua con el laurel y el azafrán, salar y hervir el arroz durante 10-12 minutos. Escurrirlo y extenderlo en una bandeja para que se enfríe. Lavar y secar la albahaca.

> **Condimentar el arroz** con los calabacines, el sésamo y los pimientos y decorar con la albahaca.

Lentejas con ragú de zanahoria

> **Precalentar el horno** a 220 °C. 2. Saltear las zanahorias en ½ cucharada de aceite de oliva y colocar sobre una bandeja para hornear. Salpimentar y cocinar durante 15-20 minutos. Voltear y cocinar otros 15 minutos o hasta que las zanahorias estén suaves y caramelizadas. Cuando estén lo suficientemente frías, cortar en cubos.

> **Poner las lentejas** en una olla grande con la cúrcuma, dientes de ajo enteros, piel de limón y hoja de laurel. Cubrir con caldo y llevar a ebullición. Bajar la temperatura y cocinar a fuego lento con la olla medio tapada, hasta que las lentejas estén deshaciéndose y el líquido se haya espesado, durante 20-25 minutos. Retirar la piel de limón y hoja de laurel. Reservar.

> **Calentar una cucharada de aceite** en una sartén grande a fuego medio-alto. Cuando comience a hervir, añadir las semillas de comino. Cocinar hasta que suelten su aroma, después añadir las cebollas. Cocinar, removiendo, por 2 minutos o hasta que las cebollas comiencen a suavizarse. Bajar la temperatura y cocinar, removiendo ocasionalmente, hasta que las cebollas estén doradas y hayan comenzado a caramelizar, alrededor de 25 minutos. Reservar.

> **Calentar una cucharada de aceite** en una sartén a fuego medio-alto. Cuando comience a hervir, añadir el ajo rebanado. Cuando comience a dorarse, añadir las zanahorias y calentar, remover. Añadir el polvo de chile, chipotle, pimienta cayena y cocinar 2 minutos, asegurándose de que no se quemen. Añadir las cebollas, mezclar bien y agregar el contenido de la sartén a las lentejas. Mezclar para combinar. Llevar a ebullición y cocinar a fuego lento otros 5 minutos. Rectificar de sal. Retirar y dejar reposar por unos minutos. Servir.

Para 2 personas

INGREDIENTES:

700 g de zanahorias, peladas y cortadas en cuartos a longitud

1 taza de lentejas rojas, lavadas

3 cucharadas de aceite de oliva virgen extra

5 tazas de caldo vegetal

½ cucharadita de cúrcuma

2 dientes de ajo, enteros y pelados, más 1 diente rebanado

1 tira de piel de limón

1 hoja de laurel

1 cebolla grande, cortada a la mitad y rebanada a longitud

½ cucharadita de semillas de comino enteras

½ cucharadita de polvo de chile

½ cucharadita de chipotle en adobo, sin semillas ni venas, y picado, o al gusto

1/8 cucharadita de cayena

Quinoa real con maíz y calabacín

INGREDIENTES:

1 vaso de quínoa real

3 vasos de agua

1 chorrito de aceite

1 calabacín tierno y 1 cebolleta tierna

½ bote de maíz dulce (es importante para que una comida sea nutritiva que todos los ingredientes sean ecológicos; en el maíz es imprescindible)

3 cucharadas de mostaza

1 remolacha firme

el zumo de un limón

pimienta, semillas de girasol

aguacate

> **Cortar la cebolleta** y los calabacines a cuadritos.

> **Saltear la cebolleta y el calabacín** en un poco de aceite, incorporar la mostaza y mezclar bien.

> **Agregar 3 vasos de agua** y el maíz dulce, hacer hervir, añadir la quínoa. Cocer 10 minutos a fuego alto, 20 minutos a fuego mínimo.

> **Rallar la remolacha** y añadir un poco de zumo de limón

> **Servir la quínoa** con la remolacha fresca por arriba, junto a unas lonchas de aguacate salpimentado y las semillas de girasol.

Risotto con calabacín y tomate

> Pelar y triturar la cebolla muy fina. Pelar la zanahoria, cortar los extremos de los calabacines, enjuagar ambas verduras y cortarlas a trocitos.

> Lavar y cortar los tomates a rodajas. Pelar y cortar las patatas en cubitos.

> Sofreír la cebolla durante 5 minutos en el aceite con un cucharón de caldo. Añadir los trocitos de zanahoria y calabacín y dorarlos y a continuación añadir el arroz y cocer todo regándolo despacio con el caldo caliente. Al cabo de unos 10 minutos completar con y las patatas y acabar de cocer.

> Para finalizar, añadir una cucharada de salsa de soja, el curry, el eneldo picado y el azafrán previamente diluido en un poco de caldo; sazonar con sal , remover delicadamente, dejarlo reposar un minuto y servir.

Para 4 raciones

INGREDIENTES:

320 g de arroz
para risotto

2 calabacines

2 tomates, 1 zanahoria
y 1 cebolla

1 limón

2 patatas

1 cucharadita de curry

1 cucharadita de azafrán

1 ramita de eneldo

2 cucharadas de aceite
de oliva virgen extra

500 ml caldo de verduras

salsa de soja

Notas del chef. El curry es una mezcla de especias que incluye, entre otras especias, cúrcuma, coriandro, pimienta, comino, jengibre, cardamomo, azafrán. En las tiendas se encuentran tres tipos de curry dependiendo de la cantidad de picante: suave, picante y muy picante.

Tabulé con menta

Para 4 personas

INGREDIENTES:

200 g de bulgur

1 ramillete de perejil

4 ramilletes de menta fresca

½ pepino, 4 cebolletas

2 tomates carnosos o pera

el zumo de 2 limones

4 cucharadas de aceite de oliva virgen extra

sal y pimienta

> **Hierva el bulgur** en 500 ml de agua durante 10 minutos, apague el fuego y déjelo reposar 20 minutos, hasta que el agua se haya absorbido.

> **Lave la menta y el perejil,** escúrralos y píquelos. Pele el pepino y córtelo en dados pequeños. Limpie las cebolletas, lávelas y píquelas. Lave los tomates, retire los pedúnculos y trocee la pulpa finamente.

> **Con un tenedor,** desgrane el bulgur. Mezcle bien el bulgur con las verduras y las hierbas en un cuenco.

> **Mezcle el zumo de limón con el aceite de oliva,** sal y pimienta, y rocíe la mezcla sobre la ensalada. Déjela reposar durante al menos 1 hora, vuelva a mezclarla bien y sírvala.

Ensalada de arroz salvaje con albaricoques

Para 4 personas

INGREDIENTES:

75 g de arroz salvaje mezclado

½ manzana de tamaño medio

½ pimiento verde

½ apio

50 g de orejones de albaricoque

2 cucharadas de salsa de soja

2 cucharaditas de azúcar integral de caña

2 cucharaditas de vinagre de frutas

25 g de cacahuetes tostados sin sal

hojas de lechuga, para adornar

> **Cueza el arroz** según las indicaciones del envase. Escúrralo, póngalo en un plato y remuévalo varias veces para que se enfríe.

> **Pele la manzana y descorazónela.** Lave el pimiento y despepítelo. Lave el apio y quítele las hebras. Córtelo todo en daditos, igual que los orejones de albaricoque. Mezcle en un recipiente todos los trozos de fruta y hortalizas con el arroz.

> **Para preparar el aliño,** mezcle la salsa de soja, el azúcar, el vinagre y 2 cucharadas de agua y viértalo sobre la mezcla de arroz. Remuévalo bien y adórnelo con los cacahuetes y hojas de lechuga.

Arroz aromático con frutas

Para 4 personas

INGREDIENTES:

400 g de arroz
zanahorias en rodajas
30 g de uvas pasas
30 g de piñones
sal y pimienta
canela en rama
1-2 clavos de especia
nuez moscada en polvo

> **Poner una olla** con 2 litros de agua al fuego. Cuando empiece a hervir, echar el arroz, la canela en rama, el clavo y un poco de sal.

> **Dejar cocer 15 minutos,** retirarlo del fuego, colarlo y pasar un chorro de agua fría para que quede suelto.

> **Poner un poco de aceite de oliva** en una sartén, echar el arroz cocido, la pimienta, un pellizco de nuez moscada, las uvas pasas previamente remojadas para que se hidraten, los piñones y las zanahorias. Sofreírlo durante dos o tres minutos y servirlo caliente.

Risotto con setas y calabaza

> **Poner en 2 litros de agua** ligeramente salada la calabaza a trozos, una ramita de romero, el ajo y el cubito de caldo; cuando hierva dejar cocer durante 15 minutos.

> **Cortar las setas en rodajitas.** Picar finamente y sofreír la cebolla en una cacerola con tres cucharadas de aceite; apenas se vuelve transparente añadir las setas y dejar que se empapen del sabor del sofrito.
> Sazonar con sal y pimienta.

> **Echar el arroz,** dejarlo tostar durante algunos minutos y a continuación cocerlo añadiendo lentamente el caldo con la calabaza (retirar antes el ajo) y removiendo con una cuchara de madera.

> **En un cazo pequeño,** calentar a fuego muy bajo 2 cucharadas de aceite con el resto del romero y la piel de media naranja bien lavada y cortada en juliana. Apenas rompe a sofreír, apagar el fuego y dejarlo en infusión.

> **Cuando el arroz esté listo,** verter el aceite con la piel de naranja, remover, cubrir y dejar reposar durante un minuto antes de servir.

Para 4 personas

INGREDIENTES:

320 g de arroz para risotto

250 g de setas

400 g de calabaza

1 cebolla

1 diente de ajo

2 ramitas de romero

la piel de media naranja

1 cubito de caldo de verduras

aceite de oliva, sal y pimienta

Notas del chef. Las setas dan sabor a los platos, pero es necesario elegirlas con criterio. En los platos de caza se aconsejan las setas de sabor fuerte, mientras que en los de arroz cualquier tipo es adecuado.

Patatas a la boulangere

Para 4-6 personas

INGREDIENTES:

750 g de patatas pequeñas, peladas

225 g de cebolla, rebanada finamente

600 ml de caldo de verduras

sal y pimienta negra

nuez moscada rallada

1 a 2 dientes de ajo, machacados

1 cucharada rasa de margarina no hidrogenada (en dietéticas)

> **Parta las patatas en rebanadas delgadas.** Póngalas en un cuenco junto con la cebolla y cúbralas con agua fría. Déjelas en remojo durante 15 minutos, para quitarles un poco de almidón a las patatas y ablandar la cebolla.

> **Encienda el horno a 180 °C.** Escurra las patatas y la cebolla y séquelas con toallas de papel. En un molde refractario, ponga las cebollas y las patatas en una sola capa. Sazone con sal, pimienta y nuez moscada al gusto. Repita la operación hasta tener cuatro o cinco capas. Termine con las especias.

> **Incorpore el ajo al caldo.** Vierta el líquido sobre las verduras y extienda la margarina en la superficie. Hornee durante 1 hora 30 minutos o hasta que la cubierta esté dorada y las patatas estén blandas. Deje reposar el plato durante 5 minutos antes de servirlo.

Los platos de patatas siempre son populares. En esta versión se usa caldo en lugar de la nata y el queso acostumbrados.

Se puede acompañar de arroz basmati.

Sartenada de tomate y berenjena con agua de coco

Raciones: 4 personas

INGREDIENTES:

100 g de berenjenas verdes

200 g de·berenjenas violetas

100 g de calabacín (puede ser calabacín amarillo)

2 puerros y 4 tomates medianos

un puñado de aceitunas sin hueso

200 ml de agua de coco

1 cucharada de pasta de curry (amarilla)

1 cucharada de cilantro y 1 de perejil

sal y pimienta

salsa de soja ligera, tipo kelpamare

> **Lave las dos clases de berenjenas,** séquelas y córtelas en trozos del tamaño de un bocado. Lave los calabacines, séquelos con papel de cocina y córtelos en rodajas. Prepare los puerros y tomates, séquelos y córtelos en rodajas.

> **Lleve a ebullición en una cazuela** el agua de coco junto con la pasta de curry. Introduzca las hortalizas y la guindilla y cuézalo 2 minutos. Añada el cilantro y el perejil. Condiméntelo con sal, pimienta y salsa de soja.

Berenjenas y coco con curry

Para 4 personas

INGREDIENTES:

300 g de berenjenas
y 100 g de calabacines

2 cebollas medianas

½ pimiento amarillo
y ¼ de pimiento rojo

2 guindillas rojas
(opcionales)

200 ml de leche de coco

1 cucharada de pasta de
curry amarillo

unas hojas de borraja
(o de rúcula)

3 cucharadas de cilantro
picado

3 cucharadas de perejil
picado

sal y pimienta

salsa de soja ligera

un puñadito de
aceitunas negras

> **Limpie las berenjenas,** lávelas y píquelas en trozos pequeños. Limpie los calabacines lávelos y córtelos en rodajas. Limpie las cebollas, lávelas y córtelas. Limpie y corte los pimientos. Opcionalmente despepite las guindillas rojas y píquelas.

> **Ponga la leche de coco** y la pasta de curry amarillo en una cazuela y lleve a ebullición. Añada las verduras y cueza durante unos 2 minutos.

> **Lave las hojas de borraja,** escúrralas, píquelas, mézclelas con el cilantro y el perejil y añádalas al guiso. Sazone todo con sal, pimienta y salsa de soja clara.

Se puede acompañar de arroz basmati.

Judías verdes con frutos secos

> **Preparar una olla** con una red para cocinar al vapor. Añadir las judías verdes y cocinar al vapor durante 5 minutos. Transferir en una ensaladera.

> **Tostar las nueces** en una sartén mediana a fuego medio durante 2 minutos aproximadamente, hasta que las nueces empiecen a desprender su aroma. Reservarlas en un bol pequeño. Agregar el perejil y la cebolla y combinar con las nueces y las pasas.

> **En otro bol más pequeño,** batir el aceite, el vinagre y la mostaza. Verter el aliño en la ensaladera de las judías verdes, añadir la mezcla de nueces y pasas. Salpimentar al gusto. Servir caliente o a temperatura ambiente.

Para 2 personas

INGREDIENTES:

250 g de judías verdes

8 nueces picadas

2 cucharadas de pasas de corinto

2 cucharadas de aceite de oliva

1 cucharadita de vinagre

1 cucharadita de mostaza de Dijon

2 cucharadas de perejil fresco picado

2 cuch. de cebolla picada

sal y pimienta

Guisado de verduras

2 personas

INGREDIENTES:

1 pimiento rojo
1 pimiento amarillo
1 berenjena
cebollino, sal y pimienta
aceite de oliva virgen extra
jengibre

> **Lavar y cortar** los pimientos y la berenjena

> **Poner una cazuela** al fuego con aceite de oliva y cocinar los pimientos y la berenjena hasta que estén al dente. Agregar un poco de jengibre y salpimentar.

> **Servir** con un poco de cebollino picado.

Fajitas de tofu y verduras

> **Cortar el tofu** en láminas de medio centímetro de grosor, y hervir en una sartén con caldo y salsa de soja al gusto, lo suficiente para cubrirlo, durante cuatro minutos. Retirar, dejar enfriar y cortar en tiras.

> **Cortar la cebolla** en láminas, los pimientos y el aguacate. Picar fino el jalapeño y ajo.

> **En un wok o sartén amplia** con un fondo de aceite, rehogar el ajo. Cuando comience a dorarse incorporar las verduras y el jalapeño, y saltear tres o cuatro minutos. Agregar el tofu, el aguacate y cilantro y cocinar un minuto más.

> **Servir sobre tortillas mexicanas,** calentadas previamente en una sartén seca unos segundos por cada lado, hasta que se ablanden.

Para 4 personas

INGREDIENTES:

12 tortillas mexicanas de trigo

300 g de tofu blanco

1 cebolla grande y 2 dientes de ajo

1 pimiento jalapeño fresco

½ pimiento rojo y ½ pimiento verde

1 aguacate

salsa de soja

caldo vegetal

3 cucharadas de cilantro fresco picado

sal y aceite de oliva virgen extra

Ratatouille

Para 2 personas

INGREDIENTES:

2 cebollas

4 dientes de ajo

1 berenjena grande

2 calabacines

4 tomates

1 atadillo de hierbas con dos ramas de perejil, albahaca y tomillo

1 rama de apio

aceite de oliva virgen extra

sal y pimienta negra molida

> **Poner una cazuela grande al fuego medio** con un poco de aceite y cuando esté caliente, añadir las cebollas peladas y cortadas en rodajas finas. Rehogar unos tres minutos y pasado el tiempo, añadir los dientes de ajo picados.

> **Remover y cocinar el sofrito** de la ratatouille hasta justo antes de que la cebolla empiece a tomar color.

> **Agregar la berenjena y los calabacines** lavados y cortados en cubos pequeños junto con el atadillo de hierbas, el apio y los tomates (pelados y sin semillas) troceados. Añadir el doble de azúcar que de sal y echar también una pizca de pimienta negra. Remover bien y tapar.

> **Cocinar unos cuarenta minutos** y pasado el tiempo, rectificar de sal.

Coca de hortalizas

> **Extender la masa de pizza** sobre una super-ficie enharinada, darle forma de rectángulo y colocarla en una bandeja de horno forrada con papel sulfurizado.

> **Untar ligeramente con aceite de oliva,** dejar-la reposar durante 15 minutos y cocerla en el horno, previamente calentado, a fuego fuerte durante unos 10 minutos. Reservar.

> **Calentar un poco de aceite** en una sartén gran-de. Añadir las hortalizas cortadas en rodajas fi-nas, los dientes de ajo ligeramente aplastados y, opcionalmente, la hoja de laurel. Sazonarlo con un poco de sal y freírlo, tapado y a fuego suave, durante unos 30 minutos hasta que la cebolla esté muy tierna.

> **Cubrir la base de la coca** con esta preparación, dejando un margen de unos 2 cm. espolvorea-da con orégano desmenuzado y volverla a po-ner en el horno hasta finalizar la cocción (unos 15-20 minutos más). Servirla caliente o a tem-peratura ambiente.

Para 4 personas

INGREDIENTES:

400 g de masa vegana para pizza

2 cebollas, ½ calabacín, 4 tomates medianos

2 dientes de ajo

1 ramita de orégano

1 hoja de laurel (opcional)

un puñadito de aceitunas sin hueso

unas hojas de rúcula

sal y aceite de oliva

Berenjenas picantes

Para 4 personas

INGREDIENTES:

3 berenjenas

1 pimiento rojo
y 1 pimiento verde

3 cucharadas de aceite
de oliva

4 cucharadas de salsa
picante (chili)

2 cucharadas de zumo
de limón

2 dientes de ajo

1 atado de hierbas
aromáticas

aceitunas sin hueso

sal y albahaca fresca

> **Corta las berenjenas** y colocarlas en agua salada. Dejarlas reposar allí unos 20 minutos para que pierdan la amargura. Luego, lavarlas y secarlas con toallas de papel.

> **Lavar y cortar** los pimientos.

> **Freír las berenjenas y los pimientos** en 2 cucharadas de aceite de oliva.

> **Mezclar el aceite restante,** el zumo de limón y la salsa picante en una cazuela. Poner la mezcla al fuego, lograr un hervor, después, retirar del fuego y añadir el ajo picado.

> **Colocar las berenjenas en la cazuela** con la mezcla, añadir las aceitunas y guisar durante 2 minutos. Sirve las berenjenas con unas hojas de albahaca fresca.

Salteado de verduras con tofu

> **Echar en una sartén o wok** con aceite de oliva la cebolla a láminas finas y el pimiento a tiras y rehogar durante 5 minutos.

> **Añadir el puerro y el calabacín** cortados en rodajas finas y dar unas vueltas. A continuación, echar el tofu cortado a tacos pequeños y mantener durante 10-15 minutos a fuego medio. Añadir un poco de sal.

> **Agregar el tomate triturado,** las pasas, y la salsa de soja y remover durante unos 5 minutos más. Servir caliente.

Para 4 personas

INGREDIENTES:

250 g de tofu ahumado

1 pimiento rojo

1 cebolla grande

1 calabacín

1 puerro

100 g de tomate natural triturado

1 puñado de pasas

1 cucharada de salsa de soja

Mix de verduras

Para 2 personas

INGREDIENTES:

1 zanahoria

1 aguacate

100 g de tofu

100 g de brócoli cocido

100 g de quinoa cocida

100 g de champiñones

2 cogollos

1 puñado de anacardos

1 lima

sal

aceite de oliva virgen extra

> **Poner una sartén al fuego** con un hilo de aceite de oliva y saltear el tofu, la zanahoria y los champiñones, todo picado.

> **En una fuente repartir los cogollos,** la quinoa, el aguacate laminado y añadir el tofu, zanahoria y champiñones salteados.

> **Agregar un puñado de anacardos** y regar todo con el zumo de una lima, sazonar y añadir un chorreón de aceite de oliva.

Notas del chef. En amplias zonas de Asia esta receta se conoce como «Bol de Buda».

Tortitas de calabacín

> **Lavar el calabacín y rallarlo.** Reservar en un recipiente. Picar bien finos los cebollinos y mezclar con el calabacín. Salar y dejar que repose media hora para soltar el agua.

> **Pasado ese tiempo,** añade las especias y el almidón de maíz. No escurrir el calabacín porque el líquido servirá para amalgamar las tortitas.

> **Formar una pasta** y poner la harina y la levadura poco a poco sin dejar de remover. Tiene que quedar una crema pastosa.

> **Calentar aceite en una sartén** y echar dos cucharadas de la mezcla, dándole una forma circular. Tapar y dejar que se cocinen bien. Cuando se doren, voltear y hacer lo mismo con el otro lado.

> **Escurre en papel absorbente** y completar con toda la masa.

Para 2 personas

INGREDIENTES:

400 g de calabacín

3 cebollinos

1 pizca de sal

¼ cucharadita de ajo en polvo

¼ cucharadita de orégano

¼ cucharadita de tomillo

¼ cucharadita de perejil picado

1 cucharada de almidón de maíz

½ taza de harina de trigo

¼ cucharadita de levadura en polvo

aceite de oliva virgen extra

Tortitas de patata

Para 4 personas

INGREDIENTES:

700 g de patatas
harinosas

4 zanahorias cortadas
a rodajas

350 g de col verde
cortada en juliana

50 g de queso vegano
rallado tipo cheddar

1 manojo de cebolletas
cortadas en rodajas finas

1-2 cucharadas de
mostaza de grano entero

25 g de margarina bio
sin hidrogenar

2 cucharadas de aceite
de oliva virgen extra

para la salsa

400 g de tomate
triturado

1 cucharada de puré de
tomate concentrado

> **Cocer las patatas y las zanahorias** en agua hirviendo con sal durante 15 minutos o hasta que estén tiernas. Cocer la col al vapor durante 8 minutos. Escurrir bien. Poner otra vez las patatas y las zanahorias en la cazuela y triturar.

> **Agregar la col,** el queso, la mitad de las cebolletas y mostaza al gusto. Dividir la mezcla en ocho partes y darles forma de tortitas de unos 10 cm. Dejar enfriar unos 30 minutos.

> **Para hacer la salsa,** guisar los tomates, las cebolletas restantes, el puré de tomate, el azúcar y sal al gusto durante 10 minutos.

> **Calentar la mitad de la mantequilla** y del aceite en una sartén. Freír 4 tortitas cada vez durante 3-4 minutos por cada lado hasta que se doren.

> **Mantener calientes** mientras se fríen las otras cuatro en el resto de la mantequilla y del aceite. Servir con la salsa como guarnición.

Notas del chef. Las tortitas de patata (kartoffelpuffer) son muy fáciles de preparar, requieren ingredientes económicos y que siempre tenemos a mano. Colocarlas al final siempre sobre un papel absorbente (o un colador), para escurrir el exceso de aceite.

Pueden comerse
también acompañadas
de compota
de manzana

Crema de calabaza con copos de avena

Para 4 personas

INGREDIENTES:

400 g de calabaza

60 g de copos finos
de avena

50 ml de crema de leche
de avena

450 ml de agua
o de caldo vegetal

1 cucharada de nuez
moscada

1 cucharada de aceite
de oliva virgen

sal al gusto

> **Se pela la calabaza** y se corta en grandes trozos, que se disponen en la bandeja del horno previamente untada con unas gotas de aceite. A continuación, se hornean y se cuecen durante 25 minutos a 180 °C.

> **Mientras, se colocan en una cazuela** 50 g de copos de avena y el agua o el caldo de verduras y se hierven ambos ingredientes cinco minutos. Pasado ese tiempo se retiran del fuego y se dejan reposar.

> **Cuando la calabaza esté bien cocida** se mezcla con los copos de avena y con el agua o el caldo hervidos y se adereza el combinado con una pizca de nuez moscada y de sal.

> **Después se tritura en la batidora** hasta obtener una crema homogénea, añadiendo un poco más de agua o de caldo si quedase demasiado espesa.

> **Se distribuye la crema de calabaza** en cuatro boles individuales, se le incorporan los copos de avena restantes y se mezclan bien ambos ingredientes.

> **Por último, se vierte la crema de leche** sobre la superficie del preparado y se sirve éste tibio o bien caliente, según el gusto personal de cada comensal.

> Las cremas de verduras son una solución saludable y muy apetitosa

Sopa de tomate con salvia tostada

Para 4 personas

INGREDIENTES:

1 cebolla, 3 dientes de ajo

3 cucharadas de aceite de oliva virgen extra

1 pizca de azúcar integral de caña

sal y pimienta blanca

2 cucharadas de tomate concentrado

1 hoja de laurel

250 ml de caldo de verduras

1 bote de tomate troceado (850 ml)

8 hojas de salvia

1 cucharada de pimentón rosa

4 rebanadas (o unos 350 g) de pan integral

> **Pele la cebolla y los ajos,** y corte la cebolla y 1 diente de ajo en dados finos. Caliente en una cazuela 1 cucharadita de aceite. Vierta los dados de cebolla y ajo, y rehóguelos con sal, azúcar y pimienta. Añada el concentrado de tomate y el laurel, y vierta el caldo. Saque los tomates en conserva y píquelos. Viértalos junto con el líquido a la cazuela y deje hervir todo a fuego lento 20 minutos. Salpimiente la sopa.

> **Lave la salvia y séquela.** Caliente 1 cucharadita de aceite en una cazuela y tueste la salvia. Precaliente el horno en la función de grill a 180 °C. Ponga en una bandeja las rebanadas de pan integral (untadas con el ajo que habremos frotado sobre ellas) y unas gotas de aceite. Prepare los crostones. Déjelo en el horno unos 5-6 minutos. Sáquelo del horno y corte el pan a cuadraditos

Nota del chef. Sirva la sopa con las hojas de salvia tostadas y la baguette.

Sopa de maíz

> **Saltear en un poco de aceite** las cebollas, junto con la zanahoria, las algas y las setas shitake.

> **Añadir el agua** y hacer un caldo sabroso.

> **Mientras el caldo hierve,** disolver poco a poco la polenta con una espumadera para que no se formen grumos.

> **Dejar cocer durante 20 minutos** a fuego bajo, en los últimos 5 minutos añadir el shoyou para condimentar. Servir con cilantro.

INGREDIENTES:

1 cebolla cortada en cuadritos pequeños

1 vaso de polenta de maíz

1 zanahoria cortada en cuadritos

una tira de 3 cm de alga wakame cortadas en trozos muy pequeños

3 setas shitake dejadas a remojo

un puñado de cilantro

1 cucharada de aceite de sésamo

shoyu

1 litro de agua

Para 4 raciones

INGREDIENTES:

2 rebanadas de pan integral (preferiblemente de centeno, cortadas en bastoncitos o a cuadraditos)

1 cebolla picada

2 dientes de ajo, finamente picados

750 g de boniatos, pelados y cortados en trocitos

1 manzana, pelada, sin el corazón y cortada en trocitos

1,25 litros de caldo de verduras

60 ml de leche de coco

el zumo de ½ lima

1 cucharadita (o menos) de curry en polvo suave

4 cucharadas de aceite de oliva virgen extra

sal marina en escamas

pimienta negra recién molida

Los boniatos son una fuente de betacaroteno y minerales

Crema de boniato con picatostes de pan integral

> Calienta 2 cucharadas del aceite de oliva en una cacerola de fondo reforzado. Añade la cebolla y rehógala a fuego medio durante 5 minutos, removiéndola, hasta que esté blandita. Añade el ajo y el curry en polvo y prosigue la cocción, sin dejar de remover, durante unos minutos. Incorpora los boniatos y la manzana, y revuélvelos bien para que se mezclen con el resto de los ingredientes.

> Sigue cociendo la mezcla por espacio de unos 15 minutos, removiéndola con frecuencia, hasta que los trocitos de boniato empiecen a dorarse por los bordes. Ve ajustando la intensidad del fuego para evitar que la cebolla se queme.

> Incorpora 1 litro del caldo de verduras y remueve bien el contenido, raspando el fondo de la cacerola con una cuchara para despegar los trocitos caramelizados que se hayan quedado adheridos. Déjalo cocer todo a fuego lento, sin tapar, durante 20 minutos, o hasta que el boniato esté tierno.

> Pon con cuidado el contenido de la cacerola en una batidora y tritúralo hasta obtener una mezcla suave y homogénea. Vierte la crema resultante en una cacerola limpia. Si ha quedado demasiado espesa para tu gusto, añádele parte del resto del caldo de verduras. Agrega la leche de coco y el zumo de lima, y salpimienta.

> Según sea de intenso el sabor del caldo de verduras, es posible que la sopa necesite más sal. Mantenla caliente mientras preparas los picatostes.

> Calienta en una sartén el resto del aceite de oliva y añade los bastoncitos de pan integral de centeno. Fríelos, tapados, a fuego medio-alto, agitando la sartén a menudo, hasta que el pan empiece a estar crujiente. Retira los picatostes del fuego y déjalos escurrir sobre papel de cocina absorbente.

> Sirve la sopa enseguida, con los picatostes repartidos por encima.

Sopa de col con brotes de bambú

Para 4 personas

INGREDIENTES:

5 setas deshidratadas (shiitakes, o vuestra seta preferida)

1 bote de brotes de bambú (230 g de peso escurrido)

250 g de col china

1 puerro

100 g de fideos de arroz

1 litro y ¼ de caldo de verduras

1 cucharada de salsa de soja

> **Poner a remojo las setas** la noche anterior. Al día siguiente, escúrralas y córtelas en tiras finas. Vierta los brotes de bambú en un colador y déjelos escurrir.

> **Limpiar la col china y el puerro,** lávelos bien y córtelos en tiras finas junto con los brotes de bambú.

> **Cocer los fideos y escurrirlos.** Lleve a ebullición el caldo de verduras con el puerro, los brotes de bambú y las setas. Deje hervir 20 minutos a fuego lento. A continuación, añada la col y cueza otros 5 minutos. Sazone con salsa de soja.

> **Reparta los fideos en los cuencos** y vierta la sopa caliente. Sirva inmediatamente.

Salmorejo cordobés

> **Pelar los tomates** y ponerlos en el vaso de la batidora junto con el ajo, triturar hasta que quede sin grumos.

> **Añadir el pan,** el aceite y la sal y volver a poner en marcha la batidora hasta conseguir una masa homogénea y lisa.

> **Meter en el frigorífico** y dejar enfriar.

> **Decorar con picatostes** y un chorrito de aceite de oliva.

Para 4 personas

INGREDIENTES:

1 kg de tomates pera

200 g de pan

100 g de aceite de oliva virgen extra

1 diente de ajo

1 cucharadita de sal

Fideos de arroz con tofu y verduras

Para 2-3 personas

INGREDIENTES:

120 g de fideos de arroz

225 g de tofu firme

100 g de setas shiitake
(o champiñones, o
vuestras setas preferidas)

1 pimiento rojo

1 trocito de jengibre
fresco

1 cucharada de salsa de
soja

½ cucharadita de curry

¼ cucharadita de ajo
granulado

1 cucharadita de
cúrcuma

1 lima o ½ limón

aceite de oliva virgen
extra

perejil o cilantro fresco

sal y pimienta negra

> **Desechar el líquido del tofu** y escurrir bien. Envolver en varias capas de papel de cocina y dejar unos 15 minutos con un peso encima. Cortar en cubos.

> **Calentar un poco de aceite** en una sartén y dorar el tofu por todos lados. Retirar. Saltear ligeramente las setas. Reservar.

> **Cocer los fideos de arroz** en agua hirviendo con un poco de sal durante unos tres minutos, siguiendo las instrucciones del paquete. Escurrir y enjuagar con agua fría, soltándolos un poco con un tenedor. Reservar.

> **Rallar o picar fino el jengibre.** Cortar el pimiento en tiras finas. Saltear en la misma sartén a fuego alto ambos ingredientes durante dos minutos. Salpimentar, agregar la salsa de soja y las especias. Rehogar 5 minutos.

> **Añadir las setas y el tofu,** dar unas vueltas e incorporar los fideos. Mezclar todo bien hasta que se integren. Servir con perejil picado.

Tallarines con salsa de berenjenas

> **En una sartén grande,** caliente el aceite a fuego alto. Añada la guindilla, el ajo, la cebolla y el pimiento, y fría, moviendo, durante 3 a 4 minutos o hasta que la cebolla empiece a estar dorada. Incorpore la berenjena y continúe salteando durante 3 a 4 minutos.

> **Vierta el zumo de limón,** la salsa de soja, el caldo y el puré de tomate, y agregue sal al gusto. Deje que la mezcla suelte el hervor. Baje la llama y cocine a fuego lento durante 20 minutos. Suba la llama y deje hervir de 3 a 4 minutos o hasta que la mayor parte del líquido se haya evaporado.

> **Mientras tanto,** ponga a hervir agua en otra cacerola; agregue los tallarines y cuézalos según las instrucciones del paquete. Escurra la pasta y divídala en cuatro platos. Incorpore el cilantro a la mezcla de berenjenas y sírvala sobre la pasta. Decore con perejil picado.

Para 4 personas

INGREDIENTES:

1 cucharada de aceite de oliva virgen extra

1 guindilla sin semillas

4 dientes de ajo, picados grueso

100 g de cebolla, picada

1 pimiento rojo, picado grueso

600 g de berenjenas pequeñas, cortadas por la mitad, en rebanadas

2 cuch. de zumo de limón

3 cucharadas de salsa de soja tamari (en dietéticas)

300 ml de caldo de verduras o de caldo pollo

2 cucharaditas de puré de tomate

400 g de tallarines secos

3 cucharadas de cilantro fresco picado, sal

Para decorar:
perejil fresco, finamente picado

Raviolis con salsa de tomate y albahaca

Para 2 personas

INGREDIENTES MASA:

1 taza de sémola

2 cucharaditas de aceite de oliva virgen extra

pizca de sal

PARA RELLENAR:

500 g de espinacas, solo las hojas

1 cucharadita de mostaza en grano

1 cucharadita de aceite de sésamo o de olivo

2 cucharadas de pan rallado

pizca de sal

PARA LA SALSA:

½ kg de tomates

1 cucharadita de aceite de oliva

albahaca molida

hierbas frescas

limón

unas hojas de albahaca fresca

sal y pimienta

> **En un tazón,** combinar los ingredientes de la masa. Envolver en un lienzo y dejar reposar durante 30 minutos.

> **Lavar las espinacas** y eliminar los tallos. Cortarlas y cocinarlas en una olla sin nada de agua, unos 2 minutos, para eliminar el exceso de agua. Colocar en un tazón grande. Añadir el aceite, mostaza, sal y pan rallado y mezclar bien. Condimentar con más sal, nuez moscada y pimienta.

> **Para la salsa de tomate,** saltear la cebolla en el aceite de oliva hasta que esté vidriosa. Añadir el ajo picado y saltear. Añadir los tomates y cocinar a fuego lento. Agregar las hierbas, jugo de limón, sal y pimienta y seguir cocinando sobre un fuego lento. Condimentar con más sal y pimienta. Reservar.

> **Estirar la masa bien fina.** Colocar una porción de masa en el molde de tal forma que quede suficiente masa fuera del molde para luego cerrar el ravioli. Rellenar con las verduras y cerrar.

> **Poner los raviolis a cocer** en una olla con abundante agua salada durante 5 minutos, escurrir y servir acompañados de la salsa de tomate y unas hojas de albahaca fresca.

Plumas all'arrabiata con guisantes

> **Descongele los guisantes.** Cueza las plumas en abundante agua salada hasta que queden al dente. Unos 2 minutos antes de sacar la pasta, añada los guisantes. Cuélelo todo y déjelo escurrir.

> **Pele el diente de ajo y píquelo.** Prepare una salsa con el ajo, el concentrado de tomate, el kétchup, las alcaparras y el aceite, y condiméntela con sal, pimienta y el azúcar.

> **Lave la guindilla,** despepítela y píquela. Incorpórela a la salsa. Lave el perejil, sacúdalo para secarlo y pique las hojitas.

> **Mezcle la pasta caliente** con los guisantes, la salsa de guindilla, las aceitunas y el perejil, y esparza por encima el parmesano.

Para 4 personas

INGREDIENTES:

300 g de guisantes
(pueden ser congelados)

400 g de plumas de
pasta

1 diente de ajo

30 g de concentrado
de tomate

1 cucharada de kétchup

2 cucharaditas de
alcaparras

2 cucharadas de aceite
de oliva virgen extra

sal y pimienta

1 pizca de azúcar

1 guindilla roja

½ manojo de perejil

80 g de aceitunas negras
sin hueso

40 g de queso vegano
(tipo parmesano)

Brochetas vegetarianas

Para 4 personas

INGREDIENTES SALSA:

El zumo de medio limón

4 ajos muy picados

2 cucharaditas de sal en total

1 cucharadita de azúcar

1 cucharada de aceite de oliva virgen extra

½ cucharadita de pimienta negra, comino y orégano

2 cucharadas de perejil fresco picado

2 cucharadas de salsa chipotle

PARA LAS BROCHETAS:

½ cebolla roja y ½ blanca

1 pimiento verde y 1 pimiento rojo

1 berenjena, 1 calabacín

2 mazorcas cocidas

tomates cherry

> **Poner todos los ingredientes** de la salsa en un bol y mezclar enérgicamente hasta emulsionar.

> **Lavar y picar** todas las verduras.

> **Poner las verduras picadas** en una fuente a macerar con la salsa durante una hora mínimo.

> **Formar las brochetas.** Pasar las brochetas por la plancha hasta que tomen un poco de color.

Bolitas de calabacín

> **Rallar en grueso el calabacín,** salar y dejar reposar envuelto en un paño limpio en un bol un mínimo de 30 minutos.

> **Picar la cebolleta** y pochar en una sartén con un chorro de aceite a fuego suave unos 10 minutos, hasta que se ablande y se ponga traslúcida. Rallar la zanahoria. Picar la salvia. Rallar el limón hasta obtener una cucharadita de ralladura.

> **Preparar la salsa de yogur** mezclando éste con el jugo de limón, sal, pimienta y un chorrito de aceite de oliva.

> **Escurrir al máximo el calabacín** apretando bien el paño para que suelte todo el jugo posible. Mezclar el calabacín escurrido con la zanahoria, la cebolleta pochada, la salvia, la ralladura del limón, el huevo batido y el pan rallado. Tiene que formarse una pasta; si se ve muy suelta, añadir un poco más de pan rallado.

> **Preparar un plato con papel de cocina.** Corregir la pasta de sal, formar bolitas y freír en una sartén o cazuela con abundante aceite de oliva a fuego medio-fuerte. Escurrir en el plato con papel.

Para 4 personas

INGREDIENTES:

500 g de calabacín

250 g de zanahoria

1 cebolleta mediana

8 hojas de salvia

1 limón

preparado vegano sustituto del huevo

2 cucharadas de pan rallado

2 yogures de soja (naturales)

aceite de oliva virgen extra

sal y pimienta negra

Pastel de espinacas

Para 2 personas

INGREDIENTES MASA:

2 tazas de harina integral

100 g de margarina vegetal

1 cucharadita de polvos de hornear

1 pizca de sal

RELLENO:

3 tazas de espinacas cocidas

½ cebolla picada

½ zanahoria y ½ pimiento

2 dientes de ajo picados

¼ de taza de leche de soja

sal y pimienta

> **Mezclar la harina integral,** la margarina, los polvos de hornear y un poco de sal, hasta obtener una masa homogénea.

> **Dividir la masa en dos,** para hacer la base y la tapa de la tarta. 3 Dejar reposar la masa unos 20 a 30 minutos.

> **En un recipiente para tartas** (el cual debe estar levemente aceitado), dejare una de las masas para hacer la base.

> **Poner una sartén al fuego** con aceite de oliva y sofreír el ajo, la zanahoria y la cebolla, después agregar la espinaca, el pimiento, una pizca de sal y pimienta. Una vez todo mezclado agregar la leche y remover muy bien.

> **Pasar el relleno al recipiente para tartas** con la base de masa lista. Tomar la segunda masa y montar una tapa para la tarta. Introducir en el horno previamente precalentado a 200 °C, unos 20 minutos.

Strudel vegano con lentejas

> **Cortar en tiras todas las verduras.** En un sartén sofreír la cebolla. Cuando empiece a estar dorada, añadir la zanahoria. Añadir el resto de las verduras y verter un poco de caldo de verdura para evitar que se sequen demasiado. En unos 15 minutos, las verduras estarán lista. Dejarlas reposar en un colador para que pierdan el líquido de la cocción.

> **Mezclar** las verduras con las lentejas.

> **Extender la masa de hojaldre** que sacada previamente del frigorífico unos 10 minutos antes. Colocar las verduras y lentejas en el centro de la masa dejando algunos centímetros por cada borde. Enrollar con ayuda del papel de hornear.

> **Hornear el strudel** durante 40 minutos a 180 °C, extraer del horno y dejar enfriar. Servir templado.

Para 4 personas

INGREDIENTES:

100 g de lentejas cocidas
1 cebolla
1 calabacín
1 zanahoria grande
1 berenjena mediana
1 caldo de verduras
aceite de oliva virgen extra

Cabagge

Para 4 raciones

INGREDIENTES:

12 hojas de col verde

1 y ½ tazas de arroz cocido

1 cebolla pelada y rallada

1 diente de ajo picado

300 g de seitán

sal y pimienta

menta fresca y canela molida

caldo de verduras

1 limón

PARA LA SALSA:

200 g de yogur de soja natural

2 dientes de ajo rallados

el zumo de 1 limón

sal, semillas de comino

> **Escaldar las hojas de col** en agua hirviendo hasta que se ablanden.

> **Preparar el relleno.** Mezclar el arroz con la cebolla, el ajo y el seitán picado, condimentar con sal, pimienta, una pizca de canela y unas hojitas de menta picadas.

> **Rellenar las hojas de col** de una en una procurando que no quede ningún orificio, presionando bien.

> **Cocinar las hojas de col** rellenas en el caldo de verduras junto con el limón cortado en cuartos, durante unos 50 minutos.

> **Para la salsa,** mezclar el yogur con el ajo rallado, el zumo de limón, un poco de sal y las semillas de comino.

Servir los rollitos con la salsa de yogur de soja.

Servir con la salsa de cacahuete

Bolitas de sésamo y arroz con salsa de cacahuete

> **Cocer el arroz** para que se pase un poco del punto. Mientras tanto preparar la salsa. Triturar en un robot de cocina o una batidora la mantequilla de cacahuete. el sirope de arce o la miel y la salsa de soja.

> **Pelar y picar los dientes de ajo.** Calentar un chorrito de aceite de oliva en una sartén pequeña y dorar el ajo con un poco de comino y pimienta de cayena.

> **Retirar del fuego** y agregar la mezcla de la mantequilla. Ir añadiendo agua poco a poco, mezclando bien hasta obtener la consistencia deseada. Reservar.

> **Picar las espinacas** muy finamente y mezclar con el arroz cocido y las semillas de sésamo. Con las manos humedecidas formar bolitas.

Para unas 16 bolitas

INGREDIENTES:

220 g de arroz integral de grano corto

180 g de mantequilla de cacahuete

3 cucharadas de sirope de arce o de miel

3 cucharadas de salsa de soja

3 dientes de ajo, comino, pimienta de cayena

180 g de espinacas cocidas

2 cucharadas de semillas de sésamo tostadas

aceite de oliva virgen extra

Albóndigas con garbanzos

Para 2 personas

INGREDIENTES:

250 g de garbanzos crudos

1 cebolla y 2 dientes de ajo

½ pimiento rojo y 1 zanahoria

50 g de maíz dulce

perejil picado

harina de garbanzos, de trigo o de maíz para rebozar

sal y pimienta

> **Dejar los garbanzos en remojo** durante toda una noche. Escurrir los garbanzos y llevarlos a la batidora. Batir hasta que se forme una pasta junto con el ajo y la cebolla.

> **Añadir la cebolla picada,** la zanahoria en trozos, el pimiento picado, el maíz, el perejil, sal y pimienta. Mezclar bien y dejar reposar dos horas.

> **Con la ayuda de una cuchara** grande o con las manos, dar forma de albóndigas pequeñas a la masa.

> **Pasar las albóndigas por la harina elegida,** una a una. Freír las albóndigas en abundante aceite caliente. Cuando se doren, retirar de la sartén y dejar escurrir sobre papel absorbente.

Calabacines rellenos de arroz

> **Lavar y despuntar los calabacines,** reservando las tapas. Cortar 12 trozos de 3 dedos de largo. Con una cucharilla retirar parte de la pulpa con cuidado de no romper la corteza exterior. Recordar que hay que dejar un poco de pulpa, que será la base de los troncos. Reservar la pulpa de un calabacín o dos.

> **Hervir los calabacines en agua con sal** y cocer hasta que estén semi tiernos ya que luego se acabarán de hacer en el horno.

> **Raspar la zanahoria,** lavarla y cortarla en daditos. Limpiar el puerro, lavar y picar. Sofreír en un fondo de aceite hasta que el puerro esté transparente, añadir los guisantes y la pulpa reservada. Rehogar durante unos minutos y verter el caldo de verduras y el curry. Salpimentar. Dejar que se cueza lentamente, removiendo a menudo, hasta que las verduras estén tiernas. Unos 12-15 minutos.

> **Cocer el arroz en agua con sal** y una vez listo, pasarlo por agua fría, escurrir y añadir a las verduras. Rellenar los calabacines con esta mezcla y espolvorear con el queso vegano. Hornear 5-10 minutos a 180 °C.

Para 4 personas

INGREDIENTES:

4 calabacines redondos

200 g de arroz redondo

1 puerro y 1 zanahoria

100 g de guisantes congelados

1 vaso de caldo de verduras

queso vegano rallado

1 cucharada de curry

aceite de oliva virgen extra

sal y pimienta

Rollos de papel de arroz y hortalizas

Para 6 personas

INGREDIENTES:

150 g de arroz cocido
(preferiblemente
integral)

1 pepino, 1 zanahoria
y 1 apio

1 aguacate

1 frasco de picles
de jengibre

1 paquete de papel
de arroz (en tiendas
asiáticas)

½ bloque de tofu
a las hierbas, cortado
a daditos

1 puñado de brotes
de alfalfa

1 puñado de brotes
de guisantes

aceite de sésamo,
sal y pimienta

PARA LA SALSA DE
CACAHUETE:

4 cucharadas de pasta
de cacahuetes

4 cucharadas de salsa
de soja

1 cucharada de cilantro
picado

4 cucharadas de vinagre
de arroz

> **Para la salsa** mezclar todos los ingredientes y reservar.

> **Para los rollitos,** limpiar y cortar en juliana lo más fina posible el pepino, la zanahoria y el apio. Corta el aguacate en daditos.

> **Escurrir el jengibre** y cortar en juliana también. Humedecer en agua las láminas de papel de arroz, retirarlas cuando se hayan ablandado y colocarlas sobre un paño de cocina limpio y seco sin que se toquen.

> **Rellenar con los vegetales crudos,** el arroz, los brotes, los pickles de jengibre y los daditos de tofu a las hierbas. Rociar con aceite de sésamo y salpimentar.

> **Enrollar los papeles** para que el relleno no se desparrame. Se pueden cortar en diagonal y servir con el aderezo de cacahuete.

Los rollos de papel de arroz, muy populares en Vietnam, se pueden preparar también con quinoa en vez de arroz.

Hamburguesas de lentejas

Para 4 personas

INGREDIENTES:

200 g de lentejas
(crudas)

5 dientes de ajo

1 cebolla

aceite de oliva virgen
extra

sal y pimienta

> **Poner las lentejas en remojo** durante unas cuatro horas. Pasado ese tiempo colar y lavar bien.

> **Con la ayuda de una batidora** o un procesador de alimentos, batir bien las lentejas dejando una masa fina.

> **Picar finamente la cebolla** y los dientes de ajo, añadir todo a las lentejas. Salpimentar y añadir la cucharada de comino molido, mezclándolo todo bien. Reserva la masa unos minutos.

> **Poner una sartén con aceite** a calentar a fuego medio. Mientras, formar las hamburguesas con las manos.

> **Freir las hamburguesas** en una sartén con aceite de oliva a fuego medio por ambos lados.

Hamburguesa de quinoa y alubias

> **Cocinar la quínoa con agua fría** (misma cantidad de agua y quínoa) durante 15 minutos a fuego bajo. Una vez abierto el grano de quínoa apartar del fuego y reservar.

> **Cocinar las alubias** por una hora y media hasta que estén blandas. Reservar.

> **Cortar y picar la cebolla,** ponerla en un bol y agregar los dientes de ajo, las judías negras y proceder a triturar todo con la batidora.

> **Agregar la harina de linaza,** la quínoa, el cilantro, las especias y revolver todo para que quede bien mezclado.

> **Sacar un poco de mezcla** y con la mano formar bolitas de 5 centímetros e ir poniendo en una lata de horno previamente aceitada. Aplastarlas un poco y hornear 20 minutos a 200 °C (con el horno precalentado). Luego bajamos la temperatura a 150 °C, voltear las hamburguesas y terminar de cocinar por otros 10 minutos.

Para 2 personas

Ingredientes:
200 g de quínoa
1 cebolla grande
2 dientes de ajo
½ kg de alubias negras (judías)
150 g cilantro picado fino
200 g harina de linaza
comino, orégano y sal a gusto

Lasaña con salsa de tomate, berenjena y tofu

Para 4 personas

INGREDIENTES:

2 berenjenas pequeñas

2 cucharaditas de sal marina

4 cucharadas de aceite de oliva virgen extra

sal y pimienta recién molida

hojuelas de chile

1 paquete de láminas de pasta para película

PARA LA SALSA:

2 latas de tomates pelados enteros

sal y ¼ taza de aceite de oliva extra virgen

1 cebolla amarilla mediana, picada

2 dientes de ajo troceados

1 cucharada de pasta de tomate

1 hoja de albahaca

¼ cucharada de hojuelas de chile

2 cucharadas de alcaparras

> **Calentar** el horno a 180 °C.

> **Pelar la berenjena** en rebanadas delgadas. Distribuir las rebanadas en una capa y espolvorear con sal. Voltear y volver a espolvorear. Dejar reposar por media hora.

> **Triturar los tomates.** Calentar el aceite en un sartén grande. Añadir la cebolla y sofreír hasta que quede traslúcida. Añadir el ajo y cocinar 30 segundos más. Incorporar la pasta de tomate. Cocinar por 2 minutos, revolviendo ocasionalmente. Incorporar el ajo y la cebolla y remover.

> **Añadir los tomates,** la hoja de albahaca, las hojuelas de chile y un poco de sal. Remover y llevar a ebullición. Disminuir el calor a fuego bajo, tapar y dejar cocinar durante 45 minutos. Agregar las alcaparras, probar y sazonar con más sal y hojuelas de chile al gusto. Retirar del fuego.

> **Con papel de cocina** limpiar las berenjenas por ambos lados. En una sartén, calentar 1 y ½ cucharadas de aceite de oliva a fuego medio. Colocar berenjena hasta cubrir la superficie y sofreír por ambos lados, 4 minutos en total. Salpimentar. Pasar las rebanadas a un plato y repetir con el resto, usando 1 y ½ cucharadas de aceite de oliva para cada lote, hasta terminar.

> **Mezclar en un tazón grande** el resto del aceite de oliva, perejil, vinagre, hojuelas de chile y un poco de sal. Remover. Transferir la berenjena a la mezcla y dejar marinar. Salpimentar de ser necesario.

> **Calentar agua con sal** en una olla grande a fuego medio. Añadir la pasta y cocinar, hasta que quede al dente. Escurrir.

> **Colocar el tofu,** el perejil, la ralladura de limón, el jugo de limón y salpimentar en un procesador de alimentos. Moler 30 segundos hasta formar una pasta suave. Probar y condimentar al gusto.

> **Cubrir el fondo de un refractario** para horno con la salsa de tomate. Colocar una capa de pasta encima, luego añadir la mezcla de tofu. Añadir una capa de salsa de tomate y cubrir con un cuarto de las rebanadas de berenjena. Cubrir con hojas de albahaca. Formar tres capas más hasta cubrir con la salsa, omitiendo la albahaca.

> **Tapar con papel aluminio** y hornea por 50 minutos. Después descubrir y hornear durante diez minutos más más hasta que la salsa burbujee. Dejar enfriar 10 minutos antes de cortar. Decora con lo que sobre de albahaca y servir con el resto de salsa de tomate, caliente.

PARA EL RELLENO:

1 paquete de tofu suave, drenado

1/3 taza de perejil picado

2 cucharaditas de ralladura de cáscara de limón

2 cucharadas de jugo de limón recién exprimido

2 cucharaditas de sal

½ cucharadita de pimienta molida recién molida

Para 4 personas

INGREDIENTES:

300 g de tofu ahumado

2 berenjenas pequeñas

1 pimiento rojo

1 cebolla

100 g setas de ostra («gírgolas»)

200 g tirabeques

2 cucharadas de aceite de sésamo

4 cucharadas de salsa de soja

50 ml de caldo vegetal

1 cm de jengibre rallado, un poco de cilantro

sal y pimienta

Berenjenas salteadas con tofu ahumado

> **Cortar el tofu a cuadrados.** Lavar las berenjenas, cortarlas en discos y salarlas por ambos lados. Dejarlas reposar en una rejilla durante 20 minutos. Lavarlas bajo el chorro de agua fría y secarlas. Lavar el resto de las verduras y las setas, trocearlas y picar finamente la cebolla.

> **Calentar el aceite en una sartén** y saltear la cebolla hasta que esté transparente. Agregar las berenjenas, rehogarlas 5 minutos e incorporar el resto de las verduras y las setas. Regarlo con la salsa de soja, condimentar y guisar en su propio jugo durante 10 minutos más.

> **Calienta,** al mismo tiempo, el caldo vegetal en un cazo; agrega el jengibre y una pizca de cilantro picado. Mézclalo con las verduras, añade el tofu y servir caliente en tazas individuales.

Hamburguesa de mijo y soja

> **Se pone a hervir el mijo** en 2 litros de agua hasta que se ablande y se deja enfriar.

> **Se ralla la remolacha** y se pica el perejil.

> **Mezclar todos los ingredientes** y moldear las hamburguesas.

> **Hornear** 5 minutos a 180 °C. Servir con dos rebanadas de pan integral y tomate troceado.

Para unas 15 piezas

INGREDIENTES:

300 g de mijo

4 remolachas pequeñas, o bien 2 grandes, cocidas

un puñadito de perejil

300 g de soja texturizada bio, ya hidratada

¼ de bloque de tofu, troceado bien pequeño

50 g de nueces picadas

sal, pimentón rojo y unas pizcas de asafétida

Hamburguesas veganas

Toni Rodríguez es uno de los primeros chefs veganos de nuestro país. y un auténtico pionero en postres veganos, es decir, sin huevos ni lácteos. El resultado es una auténtica delicia. Aquí os presentamos algunos de sus consejos y salsas para acompañar hamburguesas veganas (más información en pág. 159).

Cómo prepararlas

• Hay muchas formas de preparar hamburguesas vegetarianas, lo más importante es que estén húmedas, compactas, bien cocinadas y sabrosas.

• Primero hay que buscar el sabor que le queremos dar. La hamburguesa puede estar hecha con una base de verduras, cereales, legumbres o cualquier otro alimento vegetal. Pero si queremos obtener un sabor fuerte parecido a la carne podemos añadirle pimentón, hierbas aromáticas, especias o productos ahumados (sal ahumada, humo líquido, humo en polvo, pimentón ahumado), o podemos ahumarla nosotros mismos.

• El segundo paso consiste en compactarlas lo suficiente como para que resistan bien al cocerlas y servirlas en el plato. Si a la preparación base le falta consistencia podemos añadirle pan rallado, copos de avena, soja texturizada sin hidratar o una mezcla especial que venden hecha a base de alginato (un producto que proviene de las algas) y calcio.

• Hay que añadir la cantidad justa para que esté suficientemente compacta, pero sin que absorba del todo la humedad. En este caso, obtendríamos una hamburguesa seca y poco agradable al paladar.

• Según sea la base de la hamburguesa no hará falta añadirle un aglutinante. Si la hacemos a base de cereales o legumbres cocidos se compactarán por sí solas. Y, si las hacemos a base de una proteína o un cereal sin haberlo cocido anteriormente (como el gluten), se acabarán de compactar en la misma cocción. Es muy importante observar la humedad del producto. Numerosos factores pueden afectar a la humedad de la hamburguesa, desde el tiempo que se cocina hasta el agua que contienen los ingredientes.

• El tercer paso es la cocción. Las hamburguesas se pueden hacer a la plancha con o sin aceite, fritas, al horno, al vapor, cocidas en un caldo (según sea la composición de la hamburguesa), a la parrilla o dejarlas crudas. Ten en cuenta que los principales problemas que encontrarás a la hora de elaborar una hamburguesa serán la textura y el sabor.

• Utensilios y equipos: un molde para hacer hamburguesas, pasapurés, pelador, bol, balanza, cuchillo, espátula, trituradora de vaso y de brazo, aro cortapasta, freidora, plancha de asar, sartén, picadora y mortero.

Los ingredientes
Soja texturizada, seitán, tofu, tempeh, cereales y legumbres, leche de soja, aceites vegetales, hierbas aromáticas, especias, hongos, tubérculos y frutos secos.

Salsas y complementos para vuestras hamburguesas

Kétchup

INGREDIENTES:

100 g de tomate triturado

180 g de azúcar integral de caña

125 ml de vinagre de vino blanco

90 ml de agua

80 g de sirope de agave

1 cucharadita de pimentón dulce

2 dientes de ajo

1 puerro, ¼ rama de apio, ½ cucharadita de sal

Pela y pica los dientes de ajo y el puerro. Pon todos los ingredientes juntos en una olla y haz que hierva. Cocina a fuego bajo durante 30 minutos removiendo cada 3 o 4 minutos.
Luego tritura la salsa y guárdala en botes esterilizados o en un táper.

Mayonesa de chipotle

INGREDIENTES:

80 ml de leche de soja (sin azúcar y sin aromas)

130 ml de aceite de girasol

1 limón

½ diente de ajo

½ chile chipotle

½ cucharadita de pimentón dulce

½ cucharadita de sal

Tritura la leche de soja, el aceite de girasol, el ajo, el chile, el pimentón dulce y la sal hasta obtener una salsa bien emulsionada.

Exprime el limón y vierte el zumo en la salsa. Emulsiona hasta que la salsa esté cuajada.

Mayonesa vegana

INGREDIENTES:

80 ml leche de soja (sin azúcar y sin aromas)

130 ml de aceite de girasol

1 limón

½ cucharadita de sal

Tritura la leche de soja, el aceite de girasol y la sal hasta obtener una salsa bien emulsionada.

Exprime el limón y vierte el zumo en la salsa. Emulsiona hasta que la salsa esté bien cuajada. a fuego bajo. Tritura hasta obtener una salsa lisa y homogénea.

Diluye la maicena con dos cucharadas de agua y viértela en el cazo con la salsa. Cocina hasta que haya espesado. Guarda la salsa en un táper y resérvala en la nevera.

Salsa de queso crudo

INGREDIENTES:

4 tazas de nueces de anacardos crudas

230 ml de agua 125 ml de zumo de limón

4 cucharadas de levadura de cerveza

2 cucharaditas de sal

Pon los anacardos en remojo durante 8 horas. Una vez que estén hidratados cuélalos.

Tritura todos los ingredientes juntos hasta obtener un queso cremoso. Añade 100 ml de agua para hacer una salsa de queso crudo.

Caviar de berenjena

INGREDIENTES:

2 berenjenas

2 dientes de ajo

2 ramas de tomillo fresco

4 cucharadas de aceite de oliva virgen extra

2 cucharaditas de sal

½ cucharadita de pimienta

1 paquete de tofutti (en dietéticas)

Abre por la mitad las berenjenas. Haz unos cortes transversales con la ayuda de una puntilla. Pon dentro de los cortes los dientes de ajo, el tomillo fresco, aceite de oliva, sal y pimienta. Vuelve a cerrarlas con la otra mitad y envuélvelas con papel de plata. Hornéalas 40 minutos a 180 °C.

Quita el papel de plata, extrae la pulpa de la berenjena con la ayuda de la cuchara, mézclala con el tofutti, sal, pimienta y un poco de agua.

Pico de gallo

INGREDIENTES:

8 tomates

2 cebollas rojas o cebolleta

1 limón

1 cucharadita rasa de cilantro

1 cucharadita rasa de sal

Empieza cortando los tomates en cuartos y extrae las semillas. Pica la carne del tomate y las cebollas en brunoise (dados o cuadraditos) y pásala a un bol.

Pica el cilantro y añádelo al bol con el zumo del limón y sal al gusto. Reserva el pico de gallo en la nevera hasta su uso.

Crema agria

INGREDIENTES:

300 g de tofu
2 cucharadas de aceite de girasol
2 limones
1 cucharada de vinagre de manzana
1 cucharada de sirope de agave
1 cucharadita de sal

Exprime el zumo de los dos limones.
Tritura todos los ingredientes juntos,
incluido el zumo de los dos limones.
Guarda la crema en un táper y resérvala en nevera.

Tzatziki

INGREDIENTES:

2 dientes de ajo, 1 pepino, 1 limón
1 cucharadita de eneldo
60 ml de aceite de oliva virgen extra
200 ml de yogur de soja natural
100 g de crema de queso vegana de
Tofutti (en dietéticas)
1 cucharadita de sal

Pica los dientes de ajo y el eneldo.
Ralla el pepino. Exprime el zumo del
limón.
Mezcla el aceite de oliva con el yogur
de soja y la crema de queso. Añade el
zumo de limón, el ajo y el eneldo picado y bate hasta que esté todo bien
mezclado.
Por último, incorpora el pepino rallado y la sal y remueve bien. Deja
reposar la salsa un par de horas en
nevera.

Mojo picón

INGREDIENTES:

1 cabeza de ajo
100 ml de aceite de oliva virgen extra
1 cucharada de pimentón
½ cucharadita de comino
1 cucharada de vinagre de manzana
1 cayena y 1 cucharadita de sal
20 g de pan rallado

Pela los dientes de ajo y pícalos.
Pon en una sartén los dientes de ajo

picados y el aceite y cocina a fuego medio hasta que los ajos estén dorados. Añade el pimentón, el comino, el vinagre, la cayena, el pan rallado y la sal y cocina 2 minutos más a fuego medio.

Tritura la mezcla (ha de quedar con aspecto de salsa cortada).

Mayonesa ligera

INGREDIENTES:

250 g de tofu natural

1 cucharada de vinagre de manzana (sidra)

2 cucharadas de aceite de girasol

½ diente de ajo, ½ cucharadita de sal

Tritura todos los ingredientes hasta obtener una salsa lisa y homogénea.

Alioli

INGREDIENTES:

200 g de dientes de ajo, pelados

340 g de aceite de oliva virgen extra

1 limón

1 cucharadita de sal

Pon un cazo con agua y haz que arranque a hervir.

Añade los dientes de ajo y cocínalos durante 1 minuto. Cuélalos y déjalos en agua fría. Tritura los ajos hasta obtener un puré de ajos liso y homogéneo.

Vierte el puré en un mortero y empieza a majar añadiendo el aceite de oliva poco a poco en forma de hilo. Por último, vierte el zumo de limón y la sal.

Reserva la salsa en nevera.

Carpaccio de cítricos a la canela

Para 4 personas

INGREDIENTES:

4 naranjas medianas-grandes

2 kiwis

1 cucharada de agua de azahar

1 cucharada de sirope de arce o de ágave

1 cucharada de licor de naranja (opcional)

2 cucharadas de azúcar integral de caña

> **Pelar bien las naranjas** quitándoles la piel blanca. Cortar en rodajas muy finas y depositar en un plato hondo.

> **Mezclar la miel con el agua de azahar,** el licor de naranja, el azúcar y el jugo que hayan soltado las naranjas al cortarlas (si el postre lo van a tomar canela en polvo niños, mejor evitar el licor de naranja). Verter esto sobre las rodajas de naranja. Introducir en la nevera durante 45 minutos para que se maceren.

> **En el momento de servir,** repartir las láminas de naranja en 4 platos y espolvorear con la canela por encima.

Nuestro consejo. También se puede acompañar el plato con una salsa de chocolate derretido al baño maría. A esta salsa se le puede añadir una cucharada de licor de naranja al gusto.

Postre de limón con semillas de lino

> En una cacerola colocar la **leche vegetal** y agregar un ¼ de azúcar y la canela en rama. Esperar el primer hervor y agregar la sémola, revolver unos 5-8 minutos hasta que espese.

> Agregamos **la ralladura de limón** y remover nuevamente. Retirar del fuego y colocar en moldes hasta que enfríe. Una vez frio poner en la nevera.

> **En otra cacerola** poner a hervir una taza de agua y agregar ½ taza de azúcar. Mover a fuego lento y con mucho cuidado hasta formar un caramelo.

> **Una vez que esté cuajada la sémola** en la nevera, agregar el caramelo por encima. Volver a poner en la nevera durante 10 minutos. Decorar con semillas de lino.

Para 4 personas

INGREDIENTES:

1 taza de sémola de trigo bio

la ralladura de 2 limones bio

3/4 de leche vegetal y 3/4 de azúcar integral de caña

canela en rama

semillas de lino

Flan vegano

Para 4 personas

INGREDIENTES:

½ litro de leche de soja

4 cucharadas de harina de garbanzos

4 cucharaditas de fécula de maíz

1 cucharadita de agar agar

1 ¼ taza de azúcar granulada

2 cucharadas de margarina vegetal

agua

esencia de vainilla, cáscara de limón y canela en polvo

> **Colocar en un recipiente** el ¼ de taza de azúcar con la fécula de maíz, revolver muy bien.

> **Por otro lado,** combinar la harina de garbanzo en media taza de agua, mezclar muy bien y agregar a la fécula de maíz con el azúcar. Mezclar todo de manera uniforme hasta lograr una mezcla bien espesa.

> **En una olla pequeña** poner la leche de soya, unas cuatro cucharadas de esencia de vainilla, cáscara de piel de limón y llevar a ebullición. Una vez bien caliente, agregar la mezcla anteriormente preparada y dejar cocinar todo junto revolviendo a ratos la olla para que no se pegue.

> **Una vez bien cocido,** por unos cinco minutos, retirar del fuego y agregar la margarina, remover muy bien para que la mezcla quede homogénea.

> **En ¼ de taza de agua** mezclar una cucharadita de agar a agar y también sumar a toda la preparación. Reservar.

> **Para preparar el caramelo,** combinar en una olla una taza de azúcar con una pizca de agua, cubriendo apenas el azúcar de la olla. Cuando el caramelo comience a tomar color agregar poco a poco unos 200ml de agua caliente. Cocinar a llama media por unos 3 minutos o hasta que el caramelo obtenga un color café transparente, semi espeso.

> **Colocar en un recipiente grande** o en varios recipientes individuales, un poco del caramelo y encima el flan.

> **Dejar enfriar el flan** a temperatura ambiente, una vez deje de estar caliente poner en refrigeración por lo menos unas dos horas.

Guindas

> **Lavar muy bien las cerezas** y sacarles el carocito con el descarozador de aceitunas.

> **Colocar el azúcar y el agua** en una cacerola, llevar la mezcla al fuego y revolver con cuchara de madera, hasta que los cristales de azúcar se hayan disuelto, dejar que rompa el hervor.

> **Agregar las cerezas,** bajar el fuego y seguir cocinando hasta que las cerezas estén tiernas (no deben perder su forma). Apagar el fuego.

> **Incorporar las gotas de colorante** y la esencia al marrasquino. Mezclar muy bien. Envasarlas en frascos previamente esterilizados. Tapar y pasteurizar durante 15 minutos.

INGREDIENTES:

300 g de azúcar integral de caña

200 cc de agua

500 g de cerezas frescas

unas gotitas de colorante vegetal rojo apto para repostería

1 cucharadita de esencia al marrasquino

Mini chessecake vegano de arándanos

INGREDIENTES BASE:

1 taza de almendras naturales

½ taza de dátiles (si están muy secos, remojar en agua tibia unos 15 minutos)

INGREDIENTES:

1 ¼ tazas de castañas de cajú crudas, remojadas durante al menos 2 horas.

7 cucharadas de aceite de coco derretido

1 taza de arándanos

3 cucharadas de crema o leche de coco

1 y ½ cucharaditas de maqui en polvo

2 cucharadas de agua tibia

> **Para hacer la base,** en la procesadora, moler bien las almendras. Agregar los dátiles, y procesar hasta obtener una masa compacta. Formar 12 bolitas de igual tamaño, y reservar.

> **Para el chessecake de arándanos,** poner todos los ingredientes en el vaso de la licuadora, y procesar a máxima potencia durante 2 minutos o hasta obtener una crema homogénea.

Si fuese necesario, agregar una cucharada más de agua tibia o de leche de coco para facilitar el trabajo de la máquina. Reservar.

En un molde de 12 mini cupcakes con fondo removible, poner cada una de las bolitas de almendra y dátiles, y presionarla con la ayuda de una cuchara humedecida.

Poner 1 cucharada de cheesecake de arándano sobre cada base, y aplanar bien (va a sobrar la mitad de la mezcla de este cheesecake, tapar bien y refrigerar).

Refrigerar durante 6 horas.

Desmoldar con cuidado cada mini cheesecake. En una manga pastelera con boquilla de estrella, poner lo que quedó del cheesecake de arándano-maquí, y formar rosetones sobre cada mini cheesecake.

Compota de pasas

> **Enjuagar** bien las pasas.

> **Sumergir las pasas lavadas** en una olla, verter el azúcar y cubrir con agua. Llevar a ebullición y bajar el fuego, cubrir con la tapa y cocinar la compota durante media hora.

INGREDIENTES:

300 g de pasas
2,5 l de agua mineral
azúcar al gusto

Gelatina de fresa natural

> **Colocar el agar-agar** con el agua hirviendo y dejar en el fuego hasta que se disuelva completamente.

> **Incorporar la fruta,** el zumo y el azúcar y remover bien hasta que el alga comience a gelificarse.

> **Verter el postre** en recipientes individuales y dejar en el refrigerador durante toda la noche.

INGREDIENTES:

2 cucharadas de agar-agar
1 litro de agua hirviendo
4 cucharadas de azúcar integral de caña
1 vaso de zumo de fresa
fresas y frambuesas

Gelatina de menta

INGREDIENTES:

1 cucharada de agar-agar

1 manojo de menta grande

zumo de medio limón

1 litro de agua

melaza de arroz al gusto

> **Hacer hervir el agua** e infusionar un buen manojo de menta. Reservar una parte. Colar la infusión.

> **Seguir cociendo** con una cucharada de agar-agar en copos durante 5 minutos.

> **En el último momento** agregar la melaza de arroz y el zumo de limón.

> **Colocar en vasitos de cristal** las hojas de menta. Dejar enfriar la gelatina de agar-agar y justo antes de gelatinizarse añadirla sobre los vasitos. Decorar con menta fresca.

Notas del chef. La triada de menta, hierbaluisa y hierbabuena son plantas aromáticas que nos ayudan a refresca en verano, favorecen la digestión y regulan el termostato interno de forma moderada. Esta gelatina refresca interna y externamente.

Pera escalfada en mosto de uva y canela

> **Combinar todos los ingredientes** en una olla al fuego (excepto las peras) y dejar hervir.

> **Una vez que la mezcla de vino** haya hervido, cocinar a fuego lento, agregar las peras y dejar cocer durante 12 minutos, girar las peras y cocinar durante 10 minutos más. Cuando el tiempo haya pasado, retirar las peras y dejar que se enfríen.

> **Verter la salsa de vino** sobre la preparación y servir.

Para 4 personas

INGREDIENTES:

4 peras peladas

1 y ½ tazas de mosto de uva (o bien, opcionalmente, vino tinto)

3/4 tazas de azúcar granulada

2 cucharadas de jugo de limón

2 cucharadas de vainilla

2 cucharaditas de canela

Polos de piña

INGREDIENTES:

400 ml de leche de coco

1 cucharadita de azúcar avainillado o esencia de vainilla

1 cucharada de azúcar integral de caña

¼ de piña natural

> **Pelar y cortar la piña** y llevar al vaso batidor o licuadora. Añadir la leche de coco y el resto de ingredientes y batir hasta obtener una mezcla homogénea. Rectificar de azúcar o edulcorante.

> **Verter el resultado** en los moldes para polos y llevarlos al congelador durante mínimo 3-4 horas.

Granizado de albaricoque

> **Poner en el vaso de la batidora** los albaricoques pelados y deshuesados junto con la leche y la mermelada. Triturar.

> **Añadir el hielo y triturar** hasta conseguir la textura de granizado.

> **Servir** con unas hojas de menta fresca.

INGREDIENTES:

200 g de albaricoques

½ l de leche vegetal (avena, arroz o soja)

100 gr de mermelada de albaricoque

menta

cubitos de hielo

Dulce de trigo

INGREDIENTES:

250 g de trigo integral eco

50 g de arroz (preferiblemente integral eco)

50 g de judías blancas, 50 g de habas secas y 50 g de garbanzos

100 g de orejones de albaricoque y 100 g de higos secos

25 g de piñones, 100 g de nueces y 100 g de avellanas

> **Dejar el trigo,** las judías blancas, las habas secas y los garbanzos remojados separadamente en agua, toda la noche. Escurrirlos. Hacer el arroz hervir durante 30 minutos en 2 litros de agua.

> **Hacer el trigo hervir** en 2 litros de agua. Agregarlo al agua con arroz y cocinarlo sobre fuego lento durante 2-3 horas hasta que el trigo quede bien cocido.

> **Cocer las judías, las habas y los garbanzos** separadamente. Escurrirlos. Quitar las pieles de los garbanzos.

Agregar al trigo el azúcar y la leche de soja. En cuanto empiece a hervir, agregar la fécula diluida en 1 vaso de agua.

Cocinar sobre fuego mediano, revolviendo continuamente, hasta que se espese.

Agregar las judías, las habas y los garbanzos cocidos, las pasas y los albaricoques e hi6os cortados en 4-5 pedazos cada uno. Cocinar 10 minutos más y repartirlo en escudillas individuales.

Dejarlos enfriar. Decorarlos con avellanas, nueces, almendras peladas, piñones, pasas y granos de granada.

25 g de pasas
de Corinto

150 g de pasas
de Esmirna

4 litros de agua

1 granada

½ taza de maicena

½ litro de leche de soja

3 vasos de azúcar
integral de caña o similar

Calabaza confitada

> Pelar y despepitar la calabaza. Cortarla en rebanadas de 2-3 cm. de espesor.

> Disponerlas en una cacerola ancha. Cubrirlas con azúcar y agregar el agua. Tapar y cocinar sobre fuego lento durante 50-60 minutos, hasta que queden blandas.

> Dejarlas enfriar. Disponerles en una fuente. Verter el almíbar encima. Decorarlas con nueces trituradas.

Para 4-5 personas

INGREDIENTES:

1500 g de calabaza

1 y ¾ vasos de azúcar
integral de caña

2 tazas de agua

1 vaso de nueces
trituradas

Zumo Energías

INGREDIENTES:

1 manzana

2 zanahorias

½ pepino

2 tallos de apio

1 rodajita pequeña de jengibre (tamaño uña de tu pulgar)

opcional: ½ piña

> **Lava todos los ingredientes** menos la piña (si la usas). Escurrirlos y secarlos con un paño o con papel de cocina. Si son ecológicos no es necesario que los peles; si no, pela la manzana, las zanahorias, la piña y el pepino.

> **Trocéalos según el tamaño** de la boca de tu extractor de jugos.

> **Introduce los vegetales** uno por uno dentro hasta obtener el jugo. Consume enseguida.

Notas del chef. Una receta ideal para principiantes. Este licuado es muy suave y fácil de beber, ya que tiene un sabor más bien dulce. Es una buena manera de iniciarse en el hábito de los jugos detox sin renunciar al sabor. La zanahoria aporta una dosis extra de betacarotenos antioxidantes. En el caso de personas diabéticas o con candidiasis es más recomendable elegir un jugo verde con menos contenido de fruta.

Zumo depurativo

> **Lavar todos los vegetales.** Escurrirlos y secarlos con un paño o con papel de cocina. Pelar el pepino si no es ecológico.

> **Haz en trozos según el tamaño** de la boca de tu extractor de jugos. Introduce los ingredientes uno por uno dentro del extractor hasta que tengas el jugo. Consúmelo a continuación.

INGREDIENTES:

1 cabeza de brócoli
5 ramitas de perejil
2 ramas de apio
½ pepino
1 puñado de espinacas

Notas del chef. Más energía y regeneración de la sangre. La clorofila, además de tener una estructura celular muy parecida a nuestra hemoglobina, tiene incontables beneficios para la salud: activa el metabolismo celular, desintoxica el organismo, mejora las defensas, potencia los procesos naturales de curación, estimula la formación de glóbulos rojos, previene el cáncer, frena las infecciones y depura la sangre. Para una dosis extra de clorofila, añade a este jugo una cucharadita de postre de miel de caña como topping.

Notas del chef. Este zumo alivia la acidez del estómago y restablece una sensación de confort. Es un auténtico elixir estomacal, formado por los vegetales más eficaces a la hora de cuidar la mucosa gástrica. El jugo de la col actúa como un antiácido natural que aumenta la producción de mucina, sustancia mucosa que facilita el paso de los alimentos y que actúa como lubricante y protector gástrico. Hoy se sabe, además, que la col, como la mayoría de plantas crucíferas, posee propiedades anti-cáncer.

También se ha descubierto que la col ayuda incluso en la cicatrización de lesiones gástricas. El apio también tiene la capacidad de restablecer la mucosa gástrica y de proteger las paredes del estómago.

Jugo «col anticáncer»

INGREDIENTES:

½ col (puede ser col kale)

5 zanahorias

2 ramas de apio

½ pepino

> **Lava todos los ingredientes.** Escurrirlos y secarlos con un paño o con papel de cocina. Si las zanahorias y el pepino son ecológicos no hay pelarlos.

> **Haz en trozos según el tamaño** de la boca de tu extractor de jugos. Introduce los vegetales uno por uno dentro del extractor hasta que tengas el jugo. Consúmelo a continuación.

Jugo smoothie «piña verde»

> Lava todos los ingredientes menos la piña. Escurrirlos y secarlos con un paño o con papel de cocina. Si el pepino es ecológico no es necesario que el pelis. Corta y pela dos rodajas de piña.

> **Trocéalos según el tamaño** de la boca de tu extractor de jugos, e introduce los ingredientes uno a uno, hasta obtener el jugo. Consúmelo a continuación.

INGREDIENTES:

2 rodajas de piña
½ pepino
2 ramas de apio
2 puñados de espinacas

Notas del chef. Este cóctel súper diurético combate la retención de líquidos. El ingrediente estrella: la piña, contiene bromelaína, una sustancia con propiedades antiinflamatorias y diuréticas que mejora los procesos edematosos relacionados con la celulitis. Si tomamos a diario este zumo de sabor exótico en ayunas, junto con algo de ejercicio y una alimentación sana, rica en vegetales y libre de azúcares y grasas saturadas, mantendremos a raya la celulitis.

Zumo armonía

INGREDIENTES:

6 zanahorias

1 pepino

½ limón

10 rabanitos

> **Lava todos los vegetales menos el limón.** escurrirlos y secarlos con un paño o con papel de cocina. Pelar el limón. Si el pepino es ecológico no es necesario que el pelis.

> **Trocea los ingredientes según el tamaño** de la boca del té del extractor de jugos, e introdúcelos uno por uno hasta que tengas el jugo. Bébelo a continuación.

Notas del chef. Este jugo, gracias a la gran cantidad de rabanitos que lo forman, tiene la virtud de equilibrar y reducir el exceso de hormonas de la tiroides. Los pepinos contienen vitaminas del grupo B.

Tisana o 'té' de limón

Ponemos al fuego el agua y añadimos la piel de 2 limones bio, bien lavados.

> **Dejar hervir durante unos 15 minutos.** Endulzar.

INGREDIENTES:

1 litro de agua

la piel de 2 limones de cultivo biológico

endulzante saludable al gusto: melaza de cereal, miel de caña, sirope de manzana, de arce o de ágave.

Notas del chef. Es una variante del licuado de arroz ya clásico. La horchata de arroz es una bebida vegetal que se puede tomar tanto en verano como en invierno: sabe igual de buena fría como bien calentita.

Horchata de arroz

INGREDIENTES:

1 taza de arroz

2 vasos de agua

1 cucharada de melaza de cereales

1 vaso de leche de soja

canela molida

un trocito de piel de limón

> **Dejar el arroz en remojo** unas 6 horas.

> **Triturarlo dentro de la misma agua** de remojo. Añadir la piel del limón y mantener en reposo en el frigorífico durante 3 horas.

> **Sacar la corteza** del limón.

> **Colar** (con una gasita de algodón o un colador muy fino), hasta que no salga nada de líquido.

> **Añadir una pizca de canela,** el vaso de leche de soja y endulzante al gusto. Servir bien fresquito. Se conserva en la nevera un par de días.

Agua de limón y menta

> **A un litro de agua,** le añadimos un limón partido por la mitad y previamente lavado.

> **Le añadimos unas hojas de menta fresca** y lo dejamos en la nevera.

> **Ya está lista para beber.** Podéis añadirle un poco de azúcar integral de caña, o bien miel u otros endulzantes saludables.

INGREDIENTES:

agua, un limón, menta fresca y azúcar integral de caña (opcional).

La receta del agua de limón y menta es antiquísima y siempre se ha preparado para apaciguar la sed en momentos de calor o tras un gran esfuerzo. Es una bebida sana y refrescante.

Bibliografía y direcciones

Libros

- Acerra, Lorenzo. *Los peligros de la leche*. Ed. Obelisco.
- Blasco, Mercedes. *Leches vegetales*. Ed Integral RBA.
- Campbell, Dr. T. Colin. *El Estudio de China*. Editorial Sirio.
- Dahlke, Ruediger. *Alimentación vegana*. Ruediger Dahlke. Ed Integral RBA.
- García, Virgina y Martínez, Lucía, *Cocina vegana*. Ed. Oberón.
- Medvedovsky, Javier, *Espiritual Chef*. Ed. Urano
- Quin, Sue, *Mi primer libro de cocina vegana*. Ed. Lunwerg.
- Safran Foer, Jonathan, *Comer animales*. Ed. Seix Barral.
- Vinyes, Dr. Frederic, *¿Carne? ¡No, gracias!* Ed. Océano.

Más información

Ahora podéis encontrar en internet abundante información en español sobre el universo y estilo de vida vegano. Desde las bases filosóficas sobre especismo hasta la alimentación vegana para animales domésticos (en Alemania, www.ProVegan.info/haustierernaehrung). En español os será fácil disponer de abundante información de todo tipo en estas dos direcciones:

- www.animanaturalis.org (abundante información sobre sus campañas y un buen enlace a infinidad recetas de cocina).
- www.igualdadanimal.org (excelentes documentales de denuncia sobre la situación de los animales).
- www.provegan.info/es (disponen de abundante información y estudios científicos sobre nutrición de todo el mundo, incluidos los tóxicos medioambientales en la alimentación).
- Documento de posicionamiento de la Academy of Nutrition and Dietetics sobre las ventajas para la salud de una alimentación vegetariana y vegana, de 2003, 2009 y 2015; en Internet: www.ncbi.nlm.nih.gov/pubmed/12778049, www.ncbi.nlm.nih.gov/pubmed/19562864, y **www.ncbi.nlm.nih.gov/pubmed/25911342**
- **www.vegetarianismo.net** y también **www.viva.org.uk/feed-world**
- Finalmente, encontraréis también informaciones relevantes de FAO y Worldwatch Institute.
- "Earthlings". Importante e impresionante documental sobre la situación de los animales, con el actor Joaquin Phoenix como comentarista. Hay versiones en español en YouTube. Y el documental Cowspiracy en: **www.cowspiracy.com**

Otros títulos publicados